1857

एक अविजित विजय

योगेश त्रिपाठी

सन्मति

Title : Attharah Sau Sattavan
ISBN : 9789390539239

प्रकाशक

सन्मति पब्लिशर्स

बी-347, संजय विहार,

मेरठ रोड, हापुड़-245101 (उ0प्र0)

website : www.sanmatiindia.com
email: sanmati555@gmail.com
प्रथम संस्करण : जनवरी 2021

पात्रावली

मुख्य पुरुष पात्र

1.	रघुराजसिंह (उम्र 36)	रीवा के बघेलवंशी राजा
2.	दीवान	राजा के दीवान
3.	धीरसिंह	राजा के मित्र और बागी सरदार
4.	श्यामशाह	बागी सरदार
5.	रणमतसिंह	बागी सरदार
6.	पंजाबसिंह	बागी सरदार
7.	बाबू कुंअर सिंह	बिहार के सेनानी
8.	रणजीतराय दीक्षित	बुजुर्ग सेनानी
9.	हसमत अली	बागी
10.	लक्ष्मण सिंह	बागी
11.	कैप्टन ऑसबर्न	पॉलिटिकल एजेंट
12.	कर्नल हिंडे	अंग्रेज़ अधिकारी
13.	बूढ़ा सिपाही	राजा का नौकर
14.	भोला बारी	बागी

नारी पात्र

1.	रनाउत रानी	रघुराजसिंह की एक रानी
2.	मम्मा साहब	रणमतसिंह की माँ
3.	बहू	रणमतसिंह की पत्नी
4.	सुभाउं	रणमतसिंह की पुत्री

इनके अतिरिक्त अन्य लघु पात्र भी हैं।

लेखकीय

इस नाटक का परिदृश्य सन 1857-58 का है। मेरठ में क्रांति की चिंगारी भड़कने के पहले से नाटक की शुरुआत होती है और समूचा घटनाचक्र बघेलखंड के इर्द-गिर्द ही घूमता है। केंद्रीय अभिलेखागार नई दिल्ली में सुरक्षित दस्तावेज प्रमाण हैं कि बघेलखंड की रीवा रियासत तत्कालीन समय में एक अत्यंत महत्वपूर्ण रियासत थी और यहाँ के क्रांतिकारी उस दौर के बड़े स्वतंत्रता सेनानियों के संपर्क में थे। अंजाम चाहे जो होता परंतु यदि रीवा रियासत खुले तौर पर आंदोलन का समर्थन कर देती तो कहानी बहुत कुछ बदली होती। नाना साहब पेशवा का महाराजा रघुराज सिंह से संपर्क था। उन्होंने रीवा महाराजा से मदद के लिए चिट्ठी लिखी थी। तात्या टोपे यहाँ के सेनानी धीरसिंह से पत्र व्यवहार करते थे। चरखारी-विजय में यहाँ के कई सेनानी तात्या के सहयोगी बने थे। बिहार के प्रख्यात सेनानी बाबू कुंअरसिंह नागौद और नौगांव छावनियों पर आक्रमण करने के लिए अपनी सेना लेकर रीवा राज्य तक आ पहुँचे थे। उनका भी संपर्क महाराज रघुराज सिंह से था। यहाँ के धीरसिंह, श्यामशाह, रणमतसिंह, पंजाबसिंह, रणजीतराय दीक्षित बड़े सेनानी हुए हैं जिनमें से कई, रानी लक्ष्मी बाई के युद्ध में भी शामिल हुए थे। कल्चुरि क्षत्रियों में भी अनेक ऐसे बांकुरे हुए हैं जो परोक्ष अथवा अपरोक्ष रूप से क्रांति में सहयोगी बने हैं। यह सच है की रानी लक्ष्मीबाई की शहादत के बाद यहाँ के क्रांतिकारियों में निराशा आने लगी थी और वे एक-एक करके तितर-बितर होने लगे थे। श्यामशाह की हत्या हो गई, धीरसिंह कहीं दूर चले गए, रणजीतराय दीक्षित युद्ध में मारे गए और अंत में बचे रणमतसिंह, जिन्हें फाँसी पर लटका दिया गया। अनेक छोटे-मोटे बागियों को क्षमादान दे दिया गया। पूरे परिदृश्य में महाराजा रघुराजसिंह की भूमिका बहुत ही विचित्र थी। ऐसा प्रतीत होता है कि वे अंग्रेज़ों से मुक्ति तो चाहते थे, परंतु विद्रोह करने का साहस उनमें नहीं था। वे रात में बागियों को पैसा देते थे, और दिन में पॉलिटिकल एजेंट के कहने पर उन्हीं के खिलाफ हुक्मनामे पर दस्तख़त भी करते थे। यद्यपि ऐसा करने वाले राजाओं में वो अकेले नहीं थे। कई राजाओं ने तो अंग्रेज़ों को खुश करने के लिए क्रांतिकारियों का खुल कर दमन भी किया है। कुल मिलाकर 1857 की क्रांति में बघेलखंड का अपना योगदान है और वह महत्वपूर्ण

है, फिर भी यह तथ्य अटल है कि 1857 की असफलता से देश अगले नब्बे वर्षों के लिए गुलामी की जंजीरों में जकड़ा रहा।

नाटक को लिखने से पूर्व मैंने कई पुस्तकों का अध्ययन किया है। विशेषकर, श्री भगवान दास श्रीवास्तव की लिखी दो पुस्तकें – "बघेलखंड में स्वाधीनता आंदोलन 1857-1860" और "बुंदेलखंड में स्वाधीनता आंदोलन 1857-1860" बहुत सहयोगी बनीं। ये दोनों पुस्तकें क्रांतिकारियों की चिट्ठी-पत्री आदि उन दस्तावेजों पर आधारित हैं जो अंग्रेज़ों द्वारा हासिल किए गए और शासकीय अभिलेखागार दिल्ली में सुरक्षित हैं। कोशिश की है कि ऐतिहासिक तथ्यों से छेड़छाड़ न हो, फिर भी त्रुटियाँ अवश्य हुई होंगी, उनके लिए मैं क्षमाप्रार्थी हूँ। विषय के चुनाव के पीछे मेरा यही उद्देश्य है कि बघेलखंड के स्वतंत्र्यवीरों की गाथा, नाट्य रूप में दर्शकों के समक्ष आए। यह अवश्य ध्यान दें कि यह एक नाटक है, न कि इतिहास। इस नाटक को लिखते समय बार-बार मुझे महान क्रांतिकारी सरदार रणमतसिंह के वंशज स्व. लाल विक्रमजीत सिंह जी याद आते रहे। वे यदि होते तो उनका बहुमूल्य मार्गदर्शन अवश्य मिलता, फिर भी मैंने रीवा नगर के कुछ सम्मानित बौद्धिकों के समक्ष नाट्यालेख का वाचन किया, जिनमें शहीद श्यामशाह के वंशज आदरणीय श्री जयसिंह बघेल (वरिष्ठ अधिवक्ता), श्री जयराम शुक्ल (वरिष्ठ पत्रकार), श्री विजयबहादुर सिंह कर्चुली (विंध्य-इतिहास अध्येता), डॉ. चंद्रिका प्रसाद 'चन्द्र' (वरिष्ठ साहित्यकार और बघेली मर्मज्ञ), डॉ. अमोल बटरोही (वरिष्ठ बघेली कवि) एवं श्री सुधीर सिंह (बघेली कला विशेषज्ञ) सम्मिलित हैं। कृपापूर्वक कुछ सुझाव भी मिले और यथानुसार मैंने परिवर्तन भी किए। मैं, जीव विज्ञान के प्राध्यापक और पुरातत्व में विशेष अभिरुचि रखने वाले अपने गुरु स्व. दिनेश सिंह कर्चुली के सुपुत्र, अनुज विजयबहादुर सिंह कर्चुली का विशेष रूप से आभारी हूँ जिन्होने मुझे इन पुस्तकों सहित अन्य कई सारी सामग्री उपलब्ध कराई जिसके कारण यह नाटक लिखा जाना संभव हो सका। अब यह नाटक आप के सामने है, उम्मीद करता हूँ कि अपनी प्रतिक्रिया से अवगत कराएंगे।

योगेश त्रिपाठी

12/273 गांधीनगर उर्रहट, रीवा (मध्यप्रदेश) पिन- 486001

दूरभाष - 9981986737, ईमेल – yogeshplays@gmail.com

क्रमशः प्रकाश।

दरबान घोषणा करता है।

दरबान : सावधान ! रीमानरेश, बांधवेश महाराजाधिराज, श्री कृष्णचंद्रजी पात्राधिकारी महाराज रघुराजसिंह जूदेव आम प्रजा को दर्शन देने वास्ते पधार रहे हैं!

घंट-शंख ध्वनियों के साथ आगे-आगे बूढ़ा सिपाही हाथ में रीमा रियासत का झंडा थामे हुए आता है।

बूढ़ा सिपाही : **मृगेंद्र प्रतिद्वंद्वताम्मा प्रयात्!**
मृगेंद्र प्रतिद्वंद्वताम्मा प्रयात्!

बूढ़े सिपाही के पीछे तलवार लिए दो सिपाही, रीमा नरेश महाराज रघुराजसिंह, अंग्रेज अधिकारी ऑसबर्न और उनके पीछे कुछ इलाकेदार, पुरोहित, कवि, चारण आदि आते हैं। महाराज सिंहासन पर बैठते हैं, स्वस्ति के बीच महाराज को रोली-चंदन लगाया जाता है।

थाल में रखे पुष्प को सभी लोग अपने हाथों में लेते हैं। स्वस्ति-गायन के मध्य पुष्पवर्षा करते हैं।

पुरोहित-समूह : *(स्वस्ति)*

आनोभद्राः क्रतवोयन्तुविश्वतोदव्धासोऽपरीतासउद्भिदः।
देवानोयथासद्भिद्वृधेअऽसन्नप्रायुवोरक्षितारोदिवेर्दिवे।।

पुरोहित : जैसे सूरज, समस्त चर-अचर पर समान रूप से अपनी रोशनी बिखेरता है, जैसे नदी, गरीब-धनवान सबको समान रूप से अपनी जलनिधि से जीवन-सुधा का पान कराती है, जैसे पर्वत, अपने विशाल वक्ष में संचित वन-संपत्ति से सबको उपकृत करता है, वैसे ही हमारे पितृतुल्य महाराज अपनी प्रजा का समदृष्टि से पालन करते हैं, सबको न्याय देते हैं और देशी-विदेशी आततायियों से उसकी रक्षा करते हैं।

महाराज प्रणाम करते हैं। भांट-चारण विरुदावली गाते हैं।

भांट-चारण : **चहुंदिशा पसरो सुगंधि आजु, बैठे हैं रघुराज,**
रीमा को गद्दी अति सुहावन दिखायो है ।
बांकी निहारि छवि, सहमे हैं आजु रवि,
पसरो उजार अस, तेज जो दिखायो है ।
बिसरो है पवनगति, कांप उठ्यो जलोदधि,
बैरिन को रघुराज, आंख जो दिखायो है ।
नैनन में प्रेम-आंसु हरषित तमाल-साल
पायउं नरेश ऐसो, मन-कानन हरषायो है ।

पुरोहित : **सर्वे भवंतु सुखिनः सर्वे संतु निरामयाः ।**
सर्वे भद्राणि पश्यंतु मा कश्चिद् दुःख भाग्भवेत् !

समवेत : महाराज रघुराजसिंह की जय !

शंख-घंट-वादन के बीच महाराज, ऑसबर्न से गुफ्तगू करते हुए वापस जाते हैं। साथ-साथ शेष पात्र भी चले जाते हैं।

अंधेरा। पुनः प्रकाश।

राजमहल के बाहर का दृश्य। विशाल दरवाजा बंद है। हाथ में भाला लिए दो दरबान आते हैं, जो दरवाजे के दोनों ओर खड़े हो जाते हैं। कुछ नागरिक आपस में बात करते हुए आते हैं। माहौल उत्तेजना भरा प्रतीत होता है।

युवक 1 : सुन तो कई दिनों से रहे थे, आज देख भी लिया। तुमने भी तो देखा था ! राजदर्शन के समय महाराज के साथ एक फिरंगी लगातार कैसे चिपका रहा ! हमें तो कुछ गड़बड़ लग रहा है। लगता है कि ये फिरंगी अब हमारे रीमा राज्य पर भी हुकूमत करेंगे !

वृद्ध आदमी : बात को समझो नौजवान। देखते नहीं हो पूरे हिंदुस्तान में क्या हो रहा है और तुम्हें रीमा की पड़ी है ?

युवक 2 : मतलब ? क्या हो रहा है हिंदुस्तान में ?

कुछ लोग और पास आते हैं।

वृद्ध आदमी : कंपनी सरकार पूरे हिंदुस्तान पर अपनी हुकूमत फैला रही है। अब वो एक साथ सबको दुश्मन तो बना नहीं सकती ! इसलिए एक-एक करके राजा-रजवाड़ों को अपनी ओर मिला रही है।

युवक 3 : तो क्या रीमा-महाराज भी मिल गए उससे ?

वृद्ध आदमी : नहीं। अभी मिले नहीं हैं। इसीलिए कंपनी सरकार इन्हें फुसला कर रीमा में अपना एक अधिकारी बैठा रही है। बहाना ये बना रही है कि बदले में उसकी फौज रीमा राज्य की हिफाजत करेगी।

युवक 1 : हिफाजत ?

युवक 2 : किससे हिफाजत ? ... किससे खतरा है रीमा राज्य को ?

वृद्ध आदमी : मराठों से। और मराठे न भी आए तो बुंदेले तो हैं ही।

युवक 3 : नहीं-नहीं काका। ये बात नहीं है। खतरा-वतरा कहीं कुछ नहीं है ..

वृद्ध आदमी : ये तो मैंने पहले ही कहा कि ये सिर्फ एक बहाना है। अरे अंग्रेजों को अपनी टांग फैलाने का मौका तो महाराज जयसिंह ने पहले ही दे दिया था। सन् 1812 की संधि से।

युवक 3 : अच्छा ?

वृद्ध आदमी : वही तो असल बुनियाद है इनके आने की। इन महाराज के दादा यानी महाराज जयसिंह पर दबाव बनाकर फिरंगियों ने सन् 1812 में एक संधि की थी।

युवक 2 : उनकी कोई मजबूरी थी क्या ?

युवक 1 : हुंह ! ऐयाशी चाहिए थी !

वृद्ध आदमी : बहुत सारी चीजें इतनी सीधी और सरल नहीं होतीं । तुमने कह दिया ऐयाशी चाहिए थी ! मैं बताता हूं । जबलपुर से उत्तर की ओर जाने वाले सारे रास्ते रीमा से होकर निकलते हैं । इन रास्तों में महाराज जयसिंह के समय में पिंडारी बहुत उत्पात मचाने लगे थे ।

युवक 2 : पिंडारी ?

वृद्ध आदमी : अरे अंग्रेजों की डाक तक लूट लेते थे ! खासकर मिर्जापुर वाली सड़क पर ।

युवक 1 : लेकिन ये पिंडारी थे कौन ?

वृद्ध आदमी : लुटेरे थे । मिर्जापुर तो अंग्रेजों के कब्जे में पहले से ही था । पहुंच गए वहां और अहिमक लूटपाट मचाई। अंग्रेजों को पता चल गया कि पिंडारी रीमा तरफ से पहुंचे हैं । उन्हें शक हो गया महाराज जयसिंह पर !

युवक 2 : महाराज पर शक ?

वृद्ध आदमी : हां । उन्हें शक हो गया कि पिंडारियों पर उनका हाथ है । लिहाजा रीमा राज्य को ट्रीटी राज्य का दरजा देते हुए एक संधि करवा ली ।

युवक 2 : तो इससे क्या हुआ ?

वृद्ध आदमी : इससे हुआ ये कि अंग्रेजों ने महाराज जयसिंह को रीमा स्टेट का मालिक मान लिया, साथ ही वचन भी दे दिया कि वो रीमा राज्य पर कभी भी हमला नहीं करेंगे ।

युवक 2 : और बदले में ?

वृद्ध आदमी : अब असल बात पर आए । बदले में तय हुआ कि इन रास्तों से अंग्रेजों की सेना और उनकी डाक बा-हिफाजत गुजरेगी और इसका जिम्मा होगा रीमा महाराज पर । सिर्फ हिफाजत नहीं, सेना को ठहराने, खिलाने-पिलाने का जिम्मा भी । और

साथ में ये भी तय हुआ कि रीमा राज्य का झगड़ा किसी पड़ोसी राज्य से हुआ तो उसका फैसला कंपनी सरकार करेगी। क्या सोचने लगे?

युवक 2 : सोच रहा हूं कि इसमें फायदा किसका हुआ?

युवक 1 : जाहिर है अंग्रेजों का। मुफत में वो मुखिया बन गए।

वृद्ध आदमी : श........। हम लोग महाराज के महल के सामने खड़े हैं। तनिक दबी जबान में बात करो।

युवक 2 : यानी महाराज जयसिंह ने अपने पैरों पर कुल्हाड़ी खुदै मार ली?

वृद्ध आदमी : हां। मगर ये भी समझो कि अगर वो ये समझौता न करते तो क्या करते? अंग्रेजों को राज्य हड़पने में ज्यादा दिन थोड़ी लगते? बहरहाल .. ये किस्सा लंबा है, और ये जगह मुनासिब नहीं है।

सरदार धीरसिंह आते हैं।

धीर सिंह : क्या हो रहा है यहां? .. *(दरबान से)* दरबान! दरवाजा खोलो!

दरबान : अभी नहीं खुल सकता सरदार।

धीरसिंह : क्या तुम मुझे पहचान नहीं रहे हो?

दरबान : मेरी औकात नहीं कि मैं राज्य के न्यायाधिकारी सरदार धीरसिंह को न पहचानूं, परंतु महाराज का हुकुम है कि उनकी मरजी के बगैर दरवाजा हरगिज़ न खोला जाय।

वृद्ध आदमी धीर सिंह को बुलाता है।

वृद्ध आदमी : इधर आएंगे श्रीमान?

धीरसिंह वृद्ध आदमी के पास आते हैं।

आप धीरसिंह हैं न ? महाराज रघुराज सिंह के भरोसेमंद साथी ?

धीरसिंह : जी हां। आप ?

वृद्ध आदमी : मामूली रियाया हूं। इस दरवाजे के पीछे क्या हो रहा है आपको मालूम है ?

धीरसिंह : वही तो पता करने आया हूँ। सुना है कि कोई अंग्रेज अफसर आया है। देखते हैं दरवाजा कब खुलता है !

वृद्ध आदमी : दरवाजा पता नहीं कब खुलेगा। फिलहाल मैं बताता हूं। वो अंग्रेज यहीं रीमा में रहेगा। महाराज रघुराज सिंह और हम सब की छाती पर सवार होकर।

धीरसिंह : क्या मतलब ?

वृद्ध आदमी : फिरंगी सरकार का नुमांइदा है वो।

दरबान : चलिए आप लोग किनारे होइए, महाराज पधार रहे हैं !

धीरसिंह : क्या ! महाराज बाहर आ रहे हैं ?

वृद्ध आदमी : लेकिन ऐसी क्या बात हो गई !

दरबान : सावधान ! महाराज पधार रहे हैं !

भीड़ किनारे होती है। महाराज और ऑसबर्न आते हैं। ऑसबर्न महाराज को अभिवादन करता है, और जाता है। उसके साथ दो सिपाही भी जाते हैं। महाराज वापस लौटने को होते हैं।

धीरसिंह : महाराज, साहब सलाम !

महाराज मुड़ते हैं।

रघुराजसिंह : साहब सलाम काका।

धीरसिंह : कौन थे ये जनाब ?

महाराज : क्यों, क्या हो गया ?

धीरसिंह : हुआ कुछ नहीं है। मगर अंदेशा लग रहा है कुछ होने का। लोग कह रहे हैं कि अब यहां अंग्रेज हाकिम बैठेगा ?

सबके सामने इस तरह बात करना महाराज को पसंद नहीं आया।

धीरसिंह : *(लोगों से)* आप लोग जा सकते हैं।

लोग जाने को होते हैं परंतु जाते नहीं।

महाराज : आप अंदर आइए।

धीरसिंह महाराज के पीछे-पीछे अंदर जाता है। दरवाजा बंद कर, दरबान अपनी जगह पर फिर खड़े हो जाते हैं।

वृद्ध आदमी : आसार ठीक नहीं लगते।

युवक 1 : सरदार धीरसिंह तो बड़े तेज आदमी हैं !

वृद्ध आदमी : अरे वो महाराज के बचपन के साथी हैं। वो इनको काका कहते हैं। जब ये महाराज युवराज थे तो एक बार अपने पिता महाराज विश्वनाथसिंह से विद्रोह कर बैठे थे। तब महाराज विश्वनाथसिंह ने ये सोचकर कि युवराज को इन्हीं लोगों ने भड़काया है, इनको देश निकाला दे दिया था।

युवक 1 : अच्छा !

वृद्ध आदमी : हां। फिर जब ये गद्दी में बैठे, तो वापिस बुलवा लिए।

युवक 1 : लेकिन दादा, लगता है कि सरदार धीरसिंह अंग्रेजों के खिलाफ हैं ! तेवर देखे इनके ?

वृद्ध आदमी : अरे क्यों न होंगे खिलाफ ? जब हम-तुम खिलाफ हैं, तो ये तो बघेलवंशी हैं, ऊपर से महाराज के साथी भी !

युवक 2 : वो तो ठीक है। पर अब क्या होगा ? अंग्रेज तो बड़े जालिम होते हैं। इनकी भाषा-बोली-रीति-रिवाज सब अलग है। हमारा तो दम घुटेगा इनके शासन में !

युवक 1 : अरे मार के भगा देंगे सबको। हैं ही कितने ?

युवक 2 : यही करना होगा।

दरबान : चलिए-चलिए, अब खिसकिए यहां से !

वृद्ध आदमी : अब मेरा रुकना वाजिब नहीं होगा। अच्छा होगा तुम लोग भी अब चले जाओ ! हे प्रभु ! क्या होने वाला है रीमा राज्य का !

सभी जाते हैं।

अंधेरा। प्रकाश। *बूढ़ा सिपाही रीमा राज्य का झंडा हाथ में लिए,* ***'मृगेंद्र प्रतिद्वंद्वताम्मा प्रयात्'*** *बोलता हुआ आता है और एक कोने पर खड़ा हो जाता है। महाराज और धीरसिंह आते हैं।*

धीरसिंह : महाराज... ये फिरंगी अफसर कौन है, और यहां क्यों आया है ?

रघुराजसिंह : काका, इसका नाम कैप्टन विलोबी ऑसबर्न है। मद्रास रेजीमेंट में था। इसे कंपनी सरकार ने रीमा भेजा है।

धीरसिंह : किसलिए ?

रघुराजसिंह : शायद इसलिए कि कंपनी को काम करने में आसानी रहे।

धीरसिंह : मतलब ये कि अब ये यहीं रहेगा ?

रघुराजसिंह : हां।

धीरसिंह : और आपने रजामंदी भी दे दी ? बिना हम लोगों से राय-मशविरा किए ?

रघुराजसिंह : इसमें राय-मशविरा की क्या जरूरत थी ?

धीरसिंह : क्या ?

रघुराजसिंह : वो एक अच्छा आदमी है, और सबसे बड़ी बात कि हमें वक्त की नजाकत को समझना चाहिए।

धीरसिंह : यानी कि अब आपको एक नया दोस्त मिल गया है। तो क्या अब मैं ये समझूं कि आपको पुराने दोस्तों की जरूरत ही नहीं रही ?

रघुराजसिंह : काका, हमारी दोस्ती न खत्म हुई है, न होगी। आप ही नहीं, काका रणमतसिंह, काका श्यामशाह, पंजाबसिंह सब हमारे दोस्त हैं और रहेंगे। यही नहीं, सालोतसिंह कर्चुली, भगवंतराय, कमोद सिंह, संग्राम सिंह, शहजाद सिंह बघेल, जोधराय बघेल, सब के सब मेरे दोस्त आज भी हैं और कल भी रहेंगे। जब भी ये सब मिलने आते हैं मैं दोस्त की ही तरह मिलता हूं और मिलता रहूंगा। लेकिन अब हम चाहते हैं कि अपने इस दोस्त पर आप लोग कुछ रहम करिए। हमें रीमा राज्य को बचाने में मदद करिए।

धीरसिंह : लो ! बचाने को अब रहा ही क्या महाराज ? इसको यहां बिठाकर अंग्रेजों को आपने खुली छूट दे दी। कुछ ही दिनों में आप नाम के महाराज होंगे ! असली हुकूमत तो अब इनके हाथ में होगी। आपने अपनी इस गलती से न केवल रीमा रियासत को कमजोर किया है, बल्कि पूरे हिंदुस्तान में उठ रही आजादी की लहर को भी कमजोर किया है। उधर नानाजी पेशवा, तात्या टोपे, रानी लक्ष्मीबाई अंग्रेजों को भगाने का सोच रहे हैं, हिंदुस्तानी रियासतों से समर्थन हासिल कर रहे हैं और इधर आप उल्टी चाल चल रहे हैं ! अब भी वक्त है महाराज, अपने फैसले को पलटिए। आप हमें इशारा करिए, मुट्ठी भर इन अंग्रेजों को हम रातों-रात जमींदोज कर देंगे। पता नहीं चल पाएगा कहां गए वो।

रघुराजसिंह : बहुत सोचा है काका हमने इस पर। बहुत सोचा है। दिल्ली का बादशाह बूढ़ा और कमजोर है। उसे तो नेता इसलिए बनाया गया क्योंकि पुराने मुगल खानदान का वारिस है। वो मुगल खानदान जिसने पूरे हिंदुस्तान पर चार सौ बरस तक हुकूमत की। आज वही सिमट कर देहली भर में रह गया है। डलहौजी का 'डाक्ट्रिन ऑफ लैप्स' लागू है। सतारा, नागपुर, झांसी, संबलपुर, न जाने कितने राज्य लावारिस घोषित करके हड़प लिए हैं उन्होंने।

धीरसिंह : जी हां। और ये सबके सब राज्य अंग्रेजों के मित्र थे। जैसे कि आप हैं।

रघुराजसिंह : झांसी तो नहीं था?

धीरसिंह : भूल रहे हैं आप महाराज। 1817 में झांसी के राजा रामचंद्र राव ने भी मित्रता की संधि की थी। कहा गया था कि झांसी राज्य सदा के लिए राजा रामचंद्र और उनके उत्तराधिकारियों को रहने दिया जायेगा। परंतु हुआ क्या? आप जानते हैं।

रघुराजसिंह : फिर भी मुझे नहीं लगता कि नाना साहब पेशवा, तात्या टोपे, लक्ष्मीबाई जैसे लोग कुछ कर पाएंगे!

धीरसिंह : क्या?

रघुराजसिंह : जी हां। कुछ नहीं कर पाएंगे। आप जैसे उतावले लोगों के मत्थे कुछ नहीं होगा। कोई अंकुश ही नहीं है! कोई अनुशासन ही नहीं है! जिसका जब मन पड़ा तलवार उठा ली। ये कोई गली-मुहल्लों की लड़ाई नहीं है, हिंदुस्तान की आजादी की लड़ाई है। और हिंदुस्तान इतना छोटा-सा नहीं है। 31 मई अभी बहुत दूर है। गुजरने दीजिए हर घर से रोटी, और हर सिपाही के हाथ से कमल। सब्र रखिए।

अपने नेता के हुक्म का इंतजार करिए। वैसे क्या आप बता सकते हैं कि कौन हैं आपके नेता ?

धीरसिंह : हम ये जानना चाहते हैं कि आप हमारे साथ हैं या नहीं ?

रघुराजसिंह : आपके साथ ? आप हैं कौन ? आप रीमा रियासत के एक सरदार हैं। बल्कि कहें तो एक मुलाजिम हैं, जिन्हें तनख्वाह मिलती है। रीमा रियासत आपसे जो कहे, वो आपको करना है। इसलिए आप हमसे मत पूछिए कि हम आपके साथ हैं या नहीं। आप हमारे साथ रहिए। इसी में आपकी कीमत है, और इसी में रीमा राज्य की भलाई है।

धीरसिंह : क्षमा करिएगा महाराज.. बात आपकी कुछ कड़वी लग रही है।

रघुराजसिंह : क्यों ? मैंने इसीलिए आपसे पूछा कि बघेला राज्य में कौन है आपका नेता, जिसका आदेश आप मानेंगे ? नाना साहब पेशवा, लक्ष्मीबाई, तात्या टोपे ये तो पूरे हिंदुस्तान की लड़ाई लड़ रहे हैं। यहां पर कौन है आपका नेता ? अगर आपको शक्ति बनना है तो यहां आपका एक स्थानीय नेता होना चाहिए, नाना की इच्छानुसार जिसका आदेश आप सभी मानें !

धीरसिंह : महाराज, अभी तक तो हम लोग आपको ही नेता मानते रहे हैं, मगर..

रघुराजसिंह : मगर क्या ? भरोसा नहीं है ?

धीरसिंह : हां। नहीं है।

रघुराजसिंह अचानक हंसने लगते हैं।

रघुराजसिंह : कैसे नेता हैं हम .... जिस पर भरोसा ही नहीं है उनके सरदारों को !

धीरसिंह : भरोसा कैसे हो ! आप क्रांतिकारियों के साथ हैं ही नहीं !

रघुराजसिंह : मैं हूं साथ उनके।

धीरसिंह : तो खुलकर क्यों नहीं हैं ?

रघुराजसिंह : क्योंकि भरोसा मुझे नहीं है, आपके नेताओं पर। मुझे नहीं लगता कि ये क्रांति सफल होगी।

धीरसिंह : यह तो मुझे भी नहीं लगता। क्योंकि आप जैसे बड़े राजे-महाराजे उनकी मदद नहीं कर रहे हैं!

रघुराजसिंह : नहीं ! .... ये क्रांति इसलिए सफल नहीं होगी, क्योंकि इस क्रांति का कोई नायक नहीं है ! युद्ध सैनिक नहीं लड़ते काका धीरसिंह, युद्ध नायक लड़ता है। अपनी बुद्धि, विवेक और साहस से, और एक बहुत बड़े उद्देश्य के लिए। और ऐसा नायक जो होता है न, पूजा जाता है। लाखों लाख जनता उसके एक इशारे पर खून की नदियाँ बहा सकती है, और एक इशारे पर अपना सिर कटा सकती है ! हजार, दो हजार, पांच हजार की सेना लेकर यहां सभी नायक बने बैठे हैं। और ये फिरंगी ! इनका आलाकमान एक है ... सिर्फ एक। बाकी इनके नौकर हैं। इनका एक तंत्र है। और सबसे बड़ी बात, इनके सामने एक लक्ष्य है ! हिंदुस्तान पर शासन करने का लक्ष्य ! आपके नेताओं की तरह कोई निजी झगड़ा नहीं है इनका हिंदुस्तानियों से ! आपके जितने भी नायक हैं, सब अपने निजी कारणों से अंग्रेजों को भगाना चाहते हैं। आम जनता से कोई लेना-देना नहीं है, इसलिए वो चुपचाप बैठी है। हमेशा एक ही तरफ सोचते हैं आप लोग। हर चीज के सारे पहलुओं पर सोचना चाहिए। हम खुलकर आ जाएं, और इसके बाद हार जाएं, तो इसका अंजाम क्या होगा आप सोच सकते हैं ? सात सौ बरसों के बघेला वंश का नाश हो जाएगा नाश !

धीरसिंह : हुंह ! बघेला वंश ! वह तो खुद शर्मिंदा होगा अपने ऐसे वजूद से।

झंडे को हाथ में ले लेता है जिसमें राजचिह्न अंकित है, जिसमें यह पंक्ति लिखी है।

"मृगेंद्र प्रतिद्वंद्वताम्मा प्रयात्" ! महाराज से युद्ध छेड़ने का साहस मत करो ! झंडे को ढोते-ढोते पीढ़ियां बुजुर्ग हो गईं ! यही लिखा है न बघेला राज्य के झंडे पर? और आज उसी के वंशज, यानी महाराज रघुराजसिंह डर के मारे आत्म-समर्पण कर रहे हैं !

सिपाही नाराजगी के साथ झंडे को फिर से अपने हाथ में ले लेता है।

(बूढ़े से) नाराज क्यों होते हो बुजुर्गवार ? यही है सच्चाई। हुज़ूर कह रहे हैं कि ये मुट्ठी भर अंग्रेज बघेलवंश का नाश कर देंगे ! महाराज, क्या आपसे हिंदुस्तान को यही उम्मीद है ? क्या इस बूढ़े को यही उम्मीद है आपसे ? महाराज, बघेला वंश का नाश करने की हिम्मत आज तक कोई नहीं कर पाया है। आप भूल सकते हैं लेकिन हम नहीं कि आपके पूर्वजों ने महमूद गजनवी और मुहम्मद गोरी को एक नहीं कई बार हराया है कच्छ में ! और आज भी ... आज भी अपने ही सरदार ठाकुर श्यामशाह, डभौरा के रणजीत राय दीक्षित और इलाहाबाद के मौलवी लियाकत अली ने इलाहाबाद में जनरल नील की कब्र तैयार कर दी थी कब्र ! ये ताकत है हम सरदारों में !

रघुराजसिंह : दफ्न हुआ वह उसमें ? बोलिए ? क्या हुआ वहां ? गद्दारों की वजह से आप लोग वह लड़ाई हार गए और जनरल नील एक योद्धा की तरह इंग्लैंड में पूजा जाने लगा!

महाराज निढाल होते हैं।

धीरसिंह : दया आती है आप पर। ठीक है। अब मैं ये मानता हूं कि महाराज विश्वनाथ सिंह के विद्रोही पुत्र का खून ठंडा हो चुका

है। लेकिन वह मित्र ही क्या, जो अपने मित्र की स्थिति को न समझे, और उसे इतिहास के काले पन्ने में दर्ज होने के लिए आवारा छोड़ दे। नहीं। गुस्ताखियां करूंगा हुजूर, एक नहीं कई बार। और इसके बदले में अगर आपकी तलवार भी हम पर उठती है तो हमें फख्र ही होगा।

जाता है। पलटता है।

सुना है तीर्थयात्रा पर जगन्नाथ पुरी जा रहे हैं ?

महाराज कुछ जवाब नहीं दे पाते।

रणक्षेत्र से पलायन पर अनेकानेक शुभकामनाएं !

हाथ जोड़ कर जाता है। महाराज कुछ देर तक संज्ञा-शून्य। अंदर जाते हैं। बूढ़ा सिपाही महाराज की स्थिति पर थोड़ी देर तक विस्मित रहता है, उसके बाद जोरों से बोलता है –

बूढ़ा सिपाही : **मृगेंद्र प्रतिद्वंद्वताम्मा प्रयात् !**

अंधेरा। *नेपथ्य में घंटियों की आवाज क्रमशः तेज होती जाती है।* ***प्रकाश।*** *महाराज, पुजारियों के साथ हाथ में दीपथाल लिए कीर्तन करते हुए आते हैं। साए की तरह ऑसबर्न भी है।*

आरती : **जय जय.. जय जय .. श्री जगन्नाथ ....**
जय जय.. जय जय .. श्री जगन्नाथ ....
कदाचित् कालिंदी तट विपिन संगीत तरलो
मुदाभीरी नारी वदन कमला स्वाद मधुपः
रमा शंभु ब्रह्मामरपति गणेशार्चित पदो
जगन्नाथः स्वामी नयन पथ गामी भवतु मे।।
भुजे सव्ये वेणुं शिरसि शिखिपिच्छं कटितटे
दुकूलं नेत्रांते सहचर-कटाक्षं विदधते।
सदा श्रीमद्-वृंदावन-वसति-लीला-परिचयो
जगन्नाथः स्वामी नयन पथ गामी भवतु मे।।

शंखध्वनि।

अंधेरा। प्रकाश। *एक खंडहर-नुमा इमारत में धीरसिंह और उनके साथी। सभी चुपचाप हैं। रणमतसिंह आते हैं। कुछ पल हतप्रभ रहते हैं।*

रणमतसिंह : कोई मर गया है क्या ? ऐसे चुप क्यों हो सब ?

पंजाबसिंह : तो क्या महाराज की तीर्थयात्रा का जश्न मनाएं ?

रणमतसिंह : क्या हुआ पंजाब सिंह ?

धीरसिंह : आइए रणमत सिंह, बैठिए यहां।

श्यामशाह : कितनी हैरानी होती है। हम सबको अदृश्य बंधन में बांध कर फिरंगियों को छुट्टा राज दे दिया, और खुद चले गए तीर्थ यात्रा पर !

रणमतसिंह : तो बंधन किस बात का है ? *(धीरसिंह से)* क्या कहते हैं आप ? मंगल पांडेय ने क्रांति की शुरुआत कर दी है, इस पर भी हम चुप रहें ?

धीरसिंह : यहीं तो गड़बड़ है। क्रांति 31 मई को होनी थी ! ये अचानक शुरुआत होना अपशकुन है, अपशकुन ! पंडितजी ने ये सही नहीं किया।

रणमतसिंह : तो क्या वो गाय की चर्बी को मुंह से लगा लेते ?

श्यामशाह : जो हुआ सो हुआ। अब तो ये हो ही चुका है। फिरंगी सावधान हो चुके हैं। अब हमें क्या करना है, ये सोचिए !

धीरसिंह : सोचना होगा कि महाराज क्या किसी खास मकसद से जगन्नाथ पुरी गए हैं ?

पंजाबसिंह : उनका मकसद तो बस एक है कि उनका राज बचा रहे, ... बस।

धीरसिंह : चुप रहिए पंजाब सिंह। क्या हमारा भी ये मकसद नहीं है? हो सकता है महाराज किसी दूसरे कारण से वहां गए हों!

पंजाबसिंह : दूसरा कारण ?

धीरसिंह : हां। इस समय नाना साहब, तात्या टोपे भी तीर्थ यात्रा के बहाने दूर-दूर तक की यात्रा कर रहे हैं। हो सकता है महाराज भी ....

श्यामशाह : तो फिर हमसे छुपाने की क्या जरूरत थी?

धीरसिंह : ये भी बात सही कही। आजकल वो हमसे बहुत-सी बातें छिपाने भी लगे हैं।

रणमतसिंह : अरे उनका मकसद सिर्फ तीर्थ यात्रा है। इसके अलावा कुछ नहीं। और वो भी फिरंगी को अपने सिर पर बिठाकर।

श्यामशाह : लगता है कि महाराज, स्वाभिमान का अर्थ ही भूल चुके हैं।

पंजाबसिंह : मुझे भी ऐसा ही लगता है।

धीरसिंह : समझ में नहीं आता कि क्या ये वही क्रांतिकारी रघुराज सिंह हैं, जिन्होंने राजकाज को लेकर अपने पिता से बगावत की थी? ये कहकर कि वो राजकाज पर ध्यान नहीं देते? तब हम सब ने उनका साथ दिया था, और उसकी सजा भी भोगी थी। मगर आज... आज वो भी अपने पिता जैसे ही हो गए हैं। अब साथ देने का मन ही नहीं करता। जी चाहता है कि मैं उनके दिए हुए न्याय अधिकारी पद से इस्तीफा दे दूं!

पंजाबसिंह : उससे क्या होगा? क्या महाराज सुधर जाएंगे? नहीं। बल्कि हो सकता है इस पद पर किसी अंग्रेज को बैठा दें!

रणमतसिंह : ये सब प्रपंच छोड़िए, हमें बताइए करना क्या है?

धीर सिंह : कुछ करना चाहते हैं आप सब?

रणमतसिंह : बिल्कुल।

धीर सिंह : तो फिर सही समय आने का इंतजार करिए। कंपनी का गवर्नर जनरल कैनिंग हो गया है।

पंजाबसिंह : इसका इससे क्या मतलब ?

श्यामशाह : मतलब ये कि ब्रितानी हुकूमत को महसूस हो चुका है कि अंगरेजों के खिलाफ हिंदुस्तान में बगावत की आग सुलग चुकी है।

पंजाबसिंह : तो ?

धीरसिंह : इसीलिए उसने हड़पो नीति से बदनाम डलहौजी को वापस बुला लिया, और कैनिंग को भेज दिया। हो सकता है कैनिंग की नीतियां कुछ अलग हों।

रणमतसिंह : अरे डलहौजी हो या कैनिंग, हैं तो सारे के सारे फिरंगी ही न? इनका रवैया तो वही रहेगा न!

धीरसिंह : हां। शायद। और ये भी हो सकता है कि अब कंपनी खत्म हो जाए और सीधे विक्टोरिया का शासन हो जाए।

रणमतसिंह : तब तो ये और भी खुल जाएंगे। तो फिर इंतजार का क्या मतलब है ? मैं तो कहता हूं कि हमें जंग की शुरुआत कर देनी चाहिए।

धीरसिंह : लेकिन महाराज की इजाजत ?

श्यामशाह : नहीं मिलेगी।

रणमतसिंह : मैंने सुना है मंगल पांडे ने महाराज से मिलने की इजाजत मांगी थी। इजाजत नहीं मिली इसलिए कोई चिट्ठी भिजवाई है ?

धीरसिंह : पंडितजी ने नहीं, अलिफ खां ने भिजवाई है। हो सकता है पंडितजी ने उसे ऐसा करने के लिए कहा हो।

रणमतसिंह : लेकिन ये अलिफ खां है कौन ?

धीरसिंह : बैरकपुर छावनी में एक सूबेदार है।

पंजाबसिंह : लेकिन रीमा महाराज को क्यों भिजवाई ?

धीरसिंह : लो। अरे ठाकुर, ये बात पूरे हिंदुस्तान के बागियों को मालूम है कि बघेली रियासत एक अहम रियासत है । अगर ये अंग्रेजों के खिलाफ खड़ी हो जाए न, तो वो दिन दूर नहीं जब हम फ़िरंगियों को यहीं गाड़ देंगे ।

श्यामशाह : लेकिन संदेश क्या भेजा होगा ?

धीरसिंह : मुझे भी नहीं मालूम । महाराज यहां होते तो शायद मालूम भी हो जाता ।

रणमतसिंह : तो अभी हम क्या करें ?

धीरसिंह : विश्वास नहीं होता । उनकी यह तीर्थयात्रा भी मन में संदेह पैदा करती है । और उनके साथ उस अंग्रेज अफसर का जाना भी । आखिर मामला क्या है ? महाराज का ये कौन सा खेल है, कुछ समझ में नहीं आता ... आप ही बताइए रणमतसिंह, .. महाराज हमारे साथ छल तो नहीं कर रहे हैं न ?

रणमतसिंह : मेरे खयाल से नहीं ।

धीरसिंह : सोच कर बताइए ।

रणमतसिंह : मिलते तो बहुत आजिजी से हैं । महल भी बुलाते हैं, लेकिन सिर्फ रात में । रुपए-पैसे भी देते हैं, मगर चोरी-छिपे । ये भी कहते हैं कि कुछ करो, कुछ करो ! .. नहीं । महाराज हमारे साथ छल नहीं कर सकते ।

धीरसिंह : श्यामशाह ?

श्यामशाह : जो भी कर रहे हैं, अच्छा नहीं कर रहे हैं ।

सभी चौंक कर देखते हैं ।

अंधेरा। *चीखें सुनाई देती हैं।*

क्रमशः प्रकाश । *कामता प्रसाद बख्शी, हीरानंद अखबार नवीस बैठे हैं। कामता प्रसाद लिखते जा रहे हैं। एक अंग्रेज सिपाही के निर्देश पर दो भारतीय सिपाही अमरी खां को पीट रहे हैं।*

अमरी खां : मत मारो मुझे ... मुझे कुछ नहीं मालूम.......

अधिकारी : सुनो अमरी खां ! सरकार का हुक्म है, कि तुम सबकुछ सही-सही बता दो। तुम्हारे बयान को कामता प्रसाद बख्शी लिखेगा। गवाह के तौर पर ये हीरानंद अखबारनवीस भी बैठा है। अब तुम बताना शुरू करो, वरना हम पीटते-पीटते तुम्हें मार डालेंगे ! और मारो !

अमरी खां : नहीं। .... बताता हूं। मैं बैरकपुर छावनी का सिपाही अमरी खां हूं। छः महीने की छुट्टी लेकर अपने वतन लाहौर जा रहा था। हमारी ही रेजीमेंट के एक सूबेदार अलिफ खां ने एक चिट्ठी दी थी रीमा महाराज को देने के लिए। 17 अप्रैल को रीमा आया हूं .....

अधिकारी : कामता प्रसाद, लिखो ! सत्रह अप्रैल सन् 1857 । किसने लिखी है चिट्ठी ?

अमरी खां : ये नहीं मालूम।

अधिकारी : खैर, अब तफसील से बताओ !

अमरी खां : आठ मार्च को बैरकपुर छावनी में जनरल ने अलिफ खां को एक कारतूस दिया।

अधिकारी : अलिफ खां कौन है ?

अमरी खां : बताया न। फिरंगी सेना का एक सूबेदार है हजूर।

अधिकारी : हां। फिर ?

अमरी खां : वो बोला, कि इस कारतूस को तुम्हारे लिए भेजा गया है। इसको चलाने के लिए खास बंदूकें भी आएंगी। इस कारतूस को चलाने के पहले तुम इसे अपने दांतों से पकड़ोगे और इस पर लिपटे हुए कागज को दांतों से अलग करोगे, और फिर उसे बंदूक में रखोगे।

अधिकारी : इसके बाद ?

अमरी खां : वहीं पर एक अंग्रेज सिपाही था। उसे दूसरे के धरम-ईमान की फिक्र थी। उसने अलिफ खां को बता दिया कि इस कारतूस में गाय और सुअर की चर्बी मिली हुई है। ये सुनते ही अलिफ खां ने कारतूस को जमीन पर पटक दिया।

अधिकारी : इसके बाद क्या हुआ ?

अमरी खां : इसके बाद, जनरल ने सूबेदार को गिरफ्तार करा दिया। सूबेदार का नौकर पता नहीं कब निकल भागा और रेजीमेंट गया। वहां जाकर उसने हिंदुस्तानी सिपाहियों को पूरा किस्सा बताया। फिर क्या था, सारे सिपाही मिलकर उस जनरल के पास आए। उनकी गर्मी को देखकर जनरल ने सूबेदार को रिहा कर दिया। लेकिन तब तक इस वाकए की खबर बिजली की मानिंद चारों ओर फैल चुकी थी। चार रेजीमेंटों के सिपाहियों ने गोरों के बंगलों को जला दिया। सूबेदार अलिफ खां ने ही, महाराज रीमा को ये खत भेजा है।

अधिकारी : थैंक्यू अमरी खां। अब तुम्हारा फैसला नागौद में होगा। *(सिपाहियों से)* इसे अलसुबह नागौद रवाना कर दो !

सिपाही : जो हुक्म श्रीमान।

सिपाही अमरी खां को बेड़ियां पहनाने लगते हैं। ***अंधेरा। प्रकाश।*** *सरदार इकट्ठे होते हैं। पल भर खामोशी रहती है।*

धीरसिंह : एक बुरी खबर है।

रणमतसिंह : क्या ?

धीरसिंह : पता चला है कि आठ अप्रैल को मंगल पांडे जी को फांसी दे दी गई है।

सब सन्न रह जाते हैं।

भला सोचो, उन्तीस मार्च को उन्होंने बगावत की, और ग्यारहवें दिन फांसी पर चढ़ा दिया गया ! ये है कानून इन अंग्रेजों का ! लेकिन अब, मंगल पांडे की शहादत जरूर रंग लाएगी।

रणमतसिंह : उन्होंने जो चिट्ठी भिजवाई थी, उसमें अपने महाराज से क्या चाहा था ?

धीरसिंह : मदद। कहा था कि अगर वो उनकी हौसला अफजाई करें तो वे बहुत-कुछ कर सकते हैं।

रणमतसिंह : लेकिन अमरी खां ने तो ये बयान दिया है कि चिट्ठी किसी अलिफ खां ने भिजवाई है ?

धीरसिंह : ह ह ह .... सच्चा हिंदुस्तानी सिपाही है। मार सहता गया, लेकिन सच को जुबां तक नहीं आने दिया !

रणमतसिंह : और उसने सारी कहानी भी ....

धीरसिंह : मैंने कहा न, कि सच्चा हिंदुस्तानी सिपाही है वो !

रणगतसिंह : हूं.....। इसका मतलब ये कि फिरंगियों ने अब बहुत-कुछ सोच भी लिया होगा।

श्यामशाह : क्या सोच लिया होगा ? अं ? यही न, कि किसी भी हालत में रीमा रियासत में बगावत न होने पाए ?

धीरसिंह : हां, यही।

श्यामशाह : दस मई को मेरठ में आम बगावत हो चुकी है। पूरा हुजूम दिल्ली पहुंच गया और सोलह मई को उन्होंने दिल्ली को

आजाद करा लिया है। बहादुर शाह जफर हमारे नेता बन चुके हैं। यही वक्त है कि हमें भी कुछ न कुछ करना होगा।

रणमतसिंह : काका, सही कह रहे हैं। हमारा खून पानी नहीं हो गया है कि ये सब सुनते हुए भी हम हाथ पर हाथ धरे बैठे रहें।

श्यामशाह : अमरी खां का क्या हुआ ? ... हमें उसकी जान बचानी चाहिए।

धीरसिंह : उसकी चिंता मत करो। उसे नागौद भेजा गया था लेकिन रास्ते में ही वह फरार हो गया।

रणमतसिंह : कैसे ?

श्यामशाह : कहां गया वो ?

धीरसिंह : नहीं मालूम।

रणमतसिंह : देखा ! एक मामूली सिपाही तक को तो ये संभाल नहीं पाते हैं, हिंदुस्तान जीतेंगे ! चुटकियों में मसल देंगे हम इन्हें ! आप हमें हुकुम दीजिए !

श्यामशाह : महाराज तो कल लौट रहे हैं न ? जगन्नाथ पुरी से ?

धीरसिंह : नहीं, परसों। आज सत्ताईस मई है न ? आज उनका काफिला मिर्जापुर में होगा। पता चला है कि ऑसबर्न बीमार हो जाने के कारण कुछ दिन वहीं रुकेगा।

रणमतसिंह : तब तो बहुत अच्छा मौका है। दो दिन बाद महाराज रीमा आ जाएंगे। फिरंगी भी नहीं रहेगा। हम सब महाराज से खुलकर बात कर सकेंगे।

धीरसिंह : अरे उनसे मिलने के लिए तो न जाने कितने लोग बेकरार हैं। इलाकेदार, अफसरान, यहां तक कि मुसलमान सलाहकार भी। चलो। हम लोग उनसे मिलने अपने वक्त पर जाएंगे।

अंधेरा । पुनः प्रकाश । *महाराज पूरी वेश-सज्जा के साथ अनुशासन में बैठे हैं और चित्रकार उनका चित्र बना रहा है। कई लोग चर्चा के इंतजार में हैं। कई पल खामोशियों के बाद...*

रघुराजसिंह : आप लोग कहते रहिए, ये भी काम होता रहेगा।

इलाकेदार 1 : महाराज, स्थिति बड़ी खराब हो गई है। कई-कई बार अपमान झेलना पड़ता है। अंग्रेज बहादुर के मामूली नौकर-चाकर भी ऐसे बोलते हैं जैसे वो भी अंगे्रज हों।

मु. सलाहकार : ऐसा ही तजुर्बा हमारा भी है महाराज। वैसे हमारा काम तो आपको केवल मशविरा देना है, आप मानें जरूरी नहीं। लेकिन महाराज, अब पानी सिर से ऊपर निकल रहा है। हमें तो डर लग रहा है, कहीं एक दिन फिरंगी आपको बेदखल न कर दें!

इलाकेदार 2 : मौलवी सही कह रहे हैं महाराज।

रघुराजसिंह : आप लोग नाहक ही परेशान हो रहे हैं। बघेली रियासत के महाराज हम हैं और हम ही रहेंगे। रही बात उस पॉलिटिकल अफसर की, तो समझिए कि उसको इस धरती पर हमने कुछ सोच-समझ कर ही रखा है।

इलाकेदार 2 : परंतु महाराज ....

एक सिपाही आकर चुपचाप खड़ा हो जाता है। महाराज इशारा समझते हैं।

रघुराजसिंह : आप लोग जा सकते हैं।

बात अधूरी रहते हुए भी सभी चुपचाप जाते हैं। सिपाही चित्रकार को बंद करने को इशारा करता है। दोनों जाते हैं। पीछे के रास्ते से धीरसिंह, श्यामशाह और रणमतसिंह आते हैं।

तीनों : साहब सलाम महाराज !

रघुराजसिंह : साहब सलाम। आइए बैठिए। ..... बैठ क्यों नहीं रहे हैं आप लोग ?

धीरसिंह : यहां चौपड़ खेलने नहीं आए हैं हम लोग, न ही आपके तीर्थयात्रा का हाल सुनने।

रघुराजसिंह : शांत हो जाइए काका, बात तभी होगी न ? हां बोलिए !

धीरसिंह : सबकुछ इतना गड्डमड्ड है कि कहाँ से शुरू करूं, समझ में नहीं आ रहा है। क्या ये सच है कि ऑसबर्न लौट आया है ?

रघुराजसिंह : आप यहां ये जानकारी लेने आए हैं कि फिरंगी लौट आया है या नहीं ?

धीरसिंह : और कहां से जानकारी हम पाएं ? और यह भी बताइए कि अगर वह लौट आया है, तो क्या उसने... आपसे फोर्स मांगी है ?

रघुराजसिंह : हां। वह लौट भी आया है और उसने फोर्स भी मांगी है। और मैंने फोर्स दे भी दी है।

धीरसिंह : वाह ! तो फिर ये भी बता दीजिए कि कितनी फोर्स दी है आपने ?

रघुराजसिंह : आठ सौ सिपाही, तीन सौ सवार और चार तोपें।

धीरसिंह : वाह महाराज वाह ! क्या खूब ! अपने दुश्मन को आपने आठ सौ सिपाही, तीन सौ सवार और चार तोपें दे दीं ! क्या कहने हैं आपके दूरंदेशी के ! वह इस फोर्स का इस्तेमाल किसके खिलाफ करेगा, ये भी जानते होंगे आप ?

रघुराजसिंह : फोर्स देनी पड़ी काका, क्योंकि अंग्रेज हरगिज नहीं चाहते कि मेरठ की आग पूरे हिंदुस्तान में फैल जाए !

धीरसिंह : मालूम है मुझे। वो क्या चाहते हैं, ये तो मुझे मालूम है, लेकिन आप क्या चाहते हैं, ये हम समझ ही नहीं पा रहे। दिन में हमारे खिलाफ होते हैं और... रात में हमारे साथ होते हैं ! दिन में उनके हमदर्द बनते हैं, रात में हमारे। उन्हें मारने के लिए हमें पैसा देते हैं, और हमें मारने के लिए उन्हें फोर्स देते हैं ! आप ये कौन-सा खेल खेल रहे हैं महाराज ?

एक अर्दली अंदर से थाल में रखकर एक थैली लाता है। महाराज के इशारे पर धीरसिंह के सामने करता है।

नहीं चाहिए। जब तक हमारे सवालों का जवाब नहीं मिलेगा, हम कुछ भी नहीं लेंगे।

रघुराजसिंह : क्या जवाब दूं आप लोगों को ? समझ में नहीं आता मेरे भाग्य ने कैसे समय में मुझे महाराज बनवा दिया ! चाहता था कि अपने पिता और दादा की तरह मैं भी शांतिपूर्वक राज करूं। प्रजा खुशहाल रहे, सब जगह अमन-चैन हो, लोग संपन्न रहें। क्या मेरे ही समय में इन अंग्रेजों को यहां आ टपकना था ? जरा सोचिए, पिताजी को राजकाज में दिलचस्पी कम थी, इसलिए मैंने चाहा था कि वो मुझे गद्दी सौंप दें। और ऐसा उन्होंने किया भी। मैं राजगद्दी का कोई लालची नहीं था। अब रही बात कि हिंदुस्तान में जो हो रहा है, वैसा यहां क्यों नहीं हो रहा है ? मैं भी चाहता हूं कि बगावत की आग यहां भी भड़के। लेकिन मैं खुद सामने नहीं आना चाहता। क्यों ? पूछिए क्यों ? इसलिए कि जैसे ही मैं सामने आऊंगा, वो सारी ताकत यहीं रीमा रियासत में लगा देंगे हमें कुचलने के लिए। आप लोग हैं ही कितने ? यहां तक कि हमारे पुराने सभी साथी भी नहीं हैं आपके साथ..

धीरसिंह : क्या वो हमें कुचल पाएंगे ?

रघुराजसिंह : क्यों नहीं कुचल पाएंगे ?

धीरसिंह : वो हमें कुचल कैसे पाएंगे महाराज, बशर्ते आप खुलकर सामने आएं ? श्यामशाह अपनी चल-अचल संपत्ति इस काम में झोंक दिए हैं। अरे इन्होंने तो जबलपुर से तीन सौ मद्रासी सिपाहियों को भी बुलवा लिया है । अच्छी-खासी हमारी बागियों की फौज हो चुकी है। कितना अच्छा मौका है, इन फिरंगियों से अपनी धरती को आजाद कराने का। आजादी की लहर पूरे देश में आग की तरह फैल चुकी है। तात्या टोपे, महारानी झांसी, नानाजी पेशवा अपनी जान की बाजी लगाकर जगह-जगह अलख जगा रहे हैं। अरे आप हम सबके साथ हो जाएं महाराज तो हमारी ताकत दोगुनी नहीं, चौगुनी हो जाए महाराज चौगुनी !

रघुराजसिंह : अच्छा ? वो कैसे ?

धीरसिंह : उत्तरी भारत और दक्षिणी भारत को जोड़ने वाली ग्रैंड ट्रंक रोड का हम इस्तेमाल करना रोक देंगे। न उनकी पलटनें गुजर पाएंगी, न उनकी डाक। उधर बिहार के कुंअर सिंह की सेना तैयार खड़ी है । दक्षिण में तात्या की सेना, उत्तर में झांसी की रानी की सेना। और आपके आने का मतलब होता है पूरा बघेला राज्य हमारे साथ हो जाएगा। यहां के सिपाही, मजदूर-किसान, व्यापारी, अधिकारी, हर जाति-धर्म का आदमी हाथ में हथियार उठा लेगा अंग्रेजों के खिलाफ। और फिर आप खुद ही सोचिए, कितना वक्त लगेगा इन मुट्ठी भर अंग्रेजों को निपटाने में ? आपको और कुछ नहीं करना है महाराज, सिर्फ आप इन फिरंगियों के आगे संकोच करना छोड़कर...

रघुराजसिंह : संकोच कर रहा हूं मैं ? वो रिश्तेदार हैं हमारे ? पता नहीं, आप लोग समझ क्यों नहीं पा रहे मुझे ? क्यों नहीं समझ पा रहे कि मैं नहीं चाहता कि मेरी नादानी की वजह से आप

लोगों की जिंदगी खत्म हो जाए, और बघेला राजवंश का नाश हो जाए।

धीरसिंह : क्या करेंगे ऐसे वंश को लेकर महाराज, जिसके माथे पर मातृभूमि के प्रति गद्दारी लिख जाए!

रघुराजसिंह : काका!

धीरसिंह : क्षमा करिएगा महाराज! मैं भूल गया था कि आपके सामने एक मित्र नहीं, एक मातहत बात कर रहा है।

रघुराजसिंह : *(अन्य लोगों से)* आप लोग समझाइए इनको, इतना व्यग्र न हों। मेरी स्थिति को समझें।

श्यामशाह : दादाभाई! मेरे हिसाब से अब चलना चाहिए। महाराज के आराम का वक्त हो गया है।

धीरसिंह : हां चलो।

रघुराजसिंह : काका! इसे ले लीजिए। और भी सहायता की आवश्यकता होगी तो वो भी करूंगा। बस, आप जो भी करना चाहें, करें, हमारी इजाजत है।

थैली ले लेते हैं। पलटते हैं।

धीरसिंह : हम लोग बाबू कुंअरसिंह की सेना में शामिल होंगे, यहीं रीमा में। और उसके बाद सब ठीक हो जाएगा। बाबू कुंअरसिंह को आने तो देंगे न आप?

महाराज कुछ नहीं बोल पाते। सभी जाते हैं। महाराज चिंतित अवस्था में। एक दासी आती है।

दासी : महाराज, रानाउत महारानी साहिबा ने आपको याद किया है ..... महाराज, उनको क्या जवाब दूं?

रघुराजसिंह : अरे कह देना, हम आएंगे!

दासी जाती है।

बाबू कुंअर सिंह!

महाराज चिंतित।

अंधेरा। प्रकाश। गोविंदगढ़ किले का प्राचीर। *रानी चहलक़दमी कर रही हैं। महाराज आते हैं। पल भर ठिठकते हैं, नजदीक आते हैं।*

रघुराजसिंह : महारानी को अचानक हमारी याद कैसे आ गई?

रानी : दिमाग फिर गया है न!

रघुराजसिंह : हा हा हा ...। जान पड़ता है काफी गुस्से में हैं!

रानी : अगर न बुलाऊं, तो आप तो कभी आने वाले ही नहीं!

रघुराजसिंह : हा हा हा करारनामे में ये भी शामिल करा लेना था।

रानी : गलती तो हो ही गई महाराज। करारनामा अभी तक याद है न? शर्तें तो भूल ही गए होंगे!

रघुराजसिंह : ऐसा क्यों लग रहा है आपको?

रानी : अगर याद है तो दोहराइए जरा।

रघुराजसिंह : अब ये तो देखिए ज्यादती है।

रानी : हमारी तसल्ली के लिए दोहरा दीजिए।

रघुराजसिंह : तो ठीक है। दोहराता हूं। आपके पिता उदयपुर महाराज ने हमारे विवाह के पहले, हमारे पिता महाराज से एक करारनामा किया था जिसमें पहला करार था कि आपका दरजा सभी रानियों में अव्वल होगा।

रानी : *(गर्व से भरकर)* आपने मंजूर किया।

रघुराजसिंह : दूसरा करार था कि आपकी डेउढ़ी की शरणागत हमें मंजूर होगी।

रानी : *(गर्व से भरकर)* आपने मंजूर किया।

रघुराजसिंह : तीसरा करार था कि आपकी डेउढ़ी के रूबरू कोई घोड़े पर सवार होकर, मोटर पर सवार होकर, छाता लगाकर, या ढड्ढी बांधकर नहीं निकलेगा।

रानी : *(गर्व से भरकर)* आपने मंजूर किया।

रानी मंद-मंद मुस्कुरा रही हैं।

और ?

रघुराजसिंह : और ... ? बस इतना ही तो था !

रानी : और हमको सबसे ज्यादा मोहब्बत करेंगे, ये भी तो था। कहिए कि नहीं था ?

रघुराजसिंह : हा हा हा ... चलिए माना कि ये भी था।

रानी : माना ?

रघुराजसिंह : अरे बाबा था। ह ह ... हमें अफसोस है महारानी कि शायद हम आपकी कल्पनाओं के अनुरूप नहीं निकले !

रानी : ऐसा मत कहिए। हम तो आपको छेड़ रहे थे। आपने तो हमारी हर मांग को हमेशा माना है। और हर खुशी को मेरी झोली में डाला है। हमने कहा कि हम उदयपुर के हैं जहां भव्य महल है तो आपने रीमा में राघोमहल बनवा दिया। हमने कहा कि उदयपुर में हमारे महल के चारों ओर झील ही झील हैं। तो आपने ये नया नगर गोविंदगढ़ बसा कर यहां भी एक महल बनवा दिया। उसके चारों ओर ये सुंदर विशाल सरोवर बनवा दिया ! हमने कहा कि हमें यहां भी एक मंदिर चाहिए पूजा करने के लिए, तो आपने एक बहुत ही सुंदर मंदिर भी बनवा दिया ! इतना ही क्यों ? रीमा में हमें जनाना जागीर दी। हमारे कहने पर एक लाख पेड़ लगवाकर उसे लखौरी बाग बना दिया !

रानी खुश होकर महाराज की ओर देखती हैं।

रघुराजसिंह : बस-बस महारानी आप तो मुझे लज्जित ही करने लगीं।

रानी : होना भी चाहिए महाराज। जो पति अपनी पत्नी की मांगों को तो पूरा करे पर उसके लिए समय न निकाले, उसे लज्जित ही होना चाहिए।

रघुराजसिंह : ओह महारानी, आज तो आपने कुछ ठान ही लिया है!

रानी : कोई नई महारानी तो नहीं आ रही है न ?

रघुराजसिंह : हा हा हा .... आप फिक्र क्यों करती हैं ? आपके ओहदे पर तनिक भी आंच नहीं आएगी।

रानी उद्विग्न हो जाती हैं।

क्या हुआ ? महारानी ? अचानक चाँद पर ये बदली कैसे ?

रानी : हमें बहुत दुःख है कि हम आपको एक औलाद नहीं दे सके।

रघुराजसिंह : महारानी, इसका अफसोस आप मत करिए...

रानी : चुप रहिए। क्या मैं जानती नहीं कि आप अंदर ही अंदर ....। महाराज, आज आप रीमा नहीं जाएंगे। देखिए .. देखिए पूर्णिमा के चंद्र को! अनुभव करिए सरोवर से आ रही इस मंद-मंद पवन को! सबकुछ भूल जाइए और ....! आज हम दोनों मिलकर अपनी झोली भरेंगे इस चांदनी से!

रघुराजसिंह : तथास्तु!

अंधेरा। पुनः प्रकाश। *बाजार का रास्ता। हाथ में सारंगी जैसा वाद्य लिए 'बसदेवा' गायन करता हुआ भिखारी आता है, जो छिपे तौर पर नौगौंव और नागौद की स्थिति को बताता है। श्यामशाह, धीरसिंह, रणमतसिंह आदि ध्यान से सुनते हैं।*

बसदेवा : **दुअरे मां बउंड़ी सेमी जात,**
पुड्डर पुड्डर ढोरे राम, हर गंगा ...
एक कुरुआ भर गेहूं द्या,
एक कुरुआ भर चाउर द्या, हर गंगा ...
जून के दस का मचा कोराम,
कांपि उचा सगला नौगाम, हर गंगा...
गोरा भागें छांड़ि परान,
लूट खजाना चलें जवान, हर गंगा ...
रिमही तोप न आई काम,
अइहीं गोरी हियां तमाम, हर गंगा ...
आगि लगी नागौदौ मांहि,
बांदौ सुलगि रहा चहुंमानि, हर गंगा ...
आपन थार बाप का दीन्ह,
बाप के थरिया सरमन लीन्ह, हर गंगा ....

बसदेवा गायक आगे बढ़ जाता है।

धीरसिंह : कुछ समझे आप लोग ?

रणमतसिंह : हां। 10 जून को नौगांव में कोहराम मच चुका है।

धीरसिंह : पूरा नौगांव कांप उठा है।

रणमतसिंह : सारे गोरे प्राण बचाकर भाग चुके हैं।

धीरसिंह : और ... बागी सिपाही गोरों का खजाना लूटकर चंपत हो गए हैं!

रणमतसिंह : और जो तोपें महाराज ने फिरंगियों को दी थी, वो काम नहीं आई हैं और ...

धीरसिंह : और क्या कहा, उस बसदेवा ने ! अइहीं गोरी हियां तमाम ... अंग्रेजों की मेमें यहां आ रही हैं ?

श्यामशाह : गलत नहीं होगा। सुना नहीं आपने ? नागौद और बांदा तक में चिंगारी भड़क उठी है। अंग्रेजों का परिवार इधर नहीं आएगा तो कहां जाएगा!

रणमतसिंह : बिल्कुल सही खबर मिल गई है हमको ! दादाभाई, मैं तो चला नागौद और नौगांव। लोहा गरम है चोट करने का सही वक्त है!

श्यामशाह : सही निर्णय है आपका रणमत सिंह। आप वहां जाइए। तब तक हम लोग यहां कुछ करते हैं।

रणमतसिंह : यहां ?

धीरसिंह : क्या करना है ?

श्यामशाह : दादाभाई .... पोलिटिकल असिस्टेंट ऑसबर्न, टेंट में रहता है न!

धीरसिंह : हां। तो ?

श्यामशाह : क्यों न हम लोग एक तफरी कर लें!

अंधेरा। अर्द्ध प्रकाश। *एजेंट का बंगला। रात। चौकीदार अलख जगाता हुआ गुजरता है।*

चौकीदार : जागते रहो! जागते रहो!

पीछे से आकर एक बागी उसका मुंह बंदकर बेहोश कर देता है, उठाकर ले जाता है। ऑसबर्न आता है। आवाजें सुनने की कोशिश करता है। अंदर जाता है। दूसरी तरफ से दूसरा बागी मशाल लेकर आता है और दूसरी ओर चला जाता है। आशंकित-सा ऑसबर्न फिर आता है। इधर-उधर देखता है, चला जाता है। अचानक पीछे लाल रोशनी दिखाई देती है। 'आग! आग! का शोर मचता है। मंच पर श्यामशाह आदि तलवार लिए आते हैं। पीछे से बचाओ बचाओ! की आवाजें आती हैं। श्यामशाह और साथी हमला करने को तैयार हैं,

परंतु ऑसबर्न की जगह, आग लगाने वाला बागी आता है। पीछे शोर बढ़ता है, सभी भागते हैं। ***अंधेरा। पुनः प्रकाश।*** *बागियों की सभा।*

श्यामशाह : बड़ी तगड़ी किस्मत थी फिरंगी की, जो बच गया। कहीं अगर इस रास्ते से निकलता तो जिंदा न बच पाता!

पंजाबसिंह : ससुरे का टेंट खाक हो गया लेकिन खुद बच गया ! पता नहीं किधर से निकल भागा!

श्यामशाह : बहुत हो गया दादाभाई, ये बताइए कि हम इस तरह की छापामारी कब तक करते रहेंगे ? क्यों न सैनिकों की भर्ती करके सीधे जंग ही छेड़ दें ? जैसा तात्या कर रहे हैं ?

धीरसिंह : वही मैं भी सोच रहा हूं। लेकिन सैनिकों की भर्ती करेंगे तो खर्च बढ़ेगा।

श्यामशाह : खर्च की चिंता न करिए, इंतजाम हो जाएगा।

धीरसिंह : श्यामशाह, आपकी बदौलत तो हमारा काम चल रहा है। लेकिन सैनिकों की भर्ती में खर्च बहुत बढ़ेगा। इसलिए मैंने एक दूसरा रास्ता खोजा है। दमोह की बावनवीं पलटन और सागर की बयालीसवीं पलटन में अपने सैकड़ों साथी हैं। इन्हें अपने साथ बुलाया है। लगे हाथ भोपाल और बांदा की पलटनों को भी न्यौता भेजा है। अगर ये सब आ गए तो हमारी संख्या कई हजार हो जाएगी। और उसके बाद हम तैयार हो जाएंगे आमने-सामने के युद्ध के लिए। जगदीशपुर के बाबू कुंअरसिंह की सेना भी सोहागी तक आ पहुंची है। वो सेना रीमा तरफ से नौगांव की ओर जाएगी। हम खुलकर उनके साथ होंगे लेकिन, ये बात बिल्कुल ही गोपनीय रहनी चाहिए, किसी को भी हम नहीं बताएंगे।

पंजाबसिंह : ठीक है दादा।

श्यामशाह : एक नई चीज मालूम हुई है।

धीरसिंह : वो क्या ?

श्यामशाह : सोहागपुर रियासत के ठाकुर गरुड़ सिंह और उनके भाई भरत सिंह ने अपनी आजादी की घोषणा कर दी है !

धीरसिंह : शाबाश !

श्यामशाह : लेकिन... अब सुना है कि विलिंग्टन की फौज पहुंच रही है वहां।

धीरसिंह : तब तो हमें चलना होगा।

श्यामशाह : आपको नहीं दादाभाई। मैं ही सब संभाल लूंगा।

धीरसिंह : रणमतसिंह की याद आ गई।

श्यामशाह : कोई समाचार मिला ?

धीरसिंह : हां। रणमतसिंह और सहामत खां वहां खुलकर खेल रहे हैं। ढूंढ़ रहे हैं मेजर एलिस को। और पता चला है कि मेजर एलिस भेलसांय में छुपा है।

श्यामशाह : तब तो रणमतसिंह उसे ढूंढ़ ही निकालेंगे। अब चलता हूं।

धीरसिंह : जरूरत हो तो पंजाबसिंह को भी ले जाइए।

श्यामशाह : नहीं। पंजाबसिंह आपके साथ रहेंगे।

दोनों गले मिलते हैं। श्यामशाह जाते हैं।

धीरसिंह : अब चलो, देखते हैं महाराज क्या कहते हैं।

सभी जाते हैं। प्रकाश में परिवर्तन होता है। महल में महाराज और ऑसबर्न।

रघुराजसिंह : हमें बहुत अफसोस हुआ मिस्टर ऑसबर्न, कि आप पर हमला हुआ। ईश्वर की कृपा से आप बच गए।

ऑसबर्न : थैंक्यू योर हाइनेस।

रघुराजसिंह : इस बात की भी बधाई आपको कि अब आप यहां के पॉलिटिकल एजेंट हो गए हैं ! अब तो और भी पावर आ गई होगी आपके पास ?

ऑसबर्न : जरूरी था। बगावत बहुत बढ़ रही है इसलिए मैंने ज्यादा पावर पाने के लिए लेटर लिखा था। एक इंपार्टेंट बात करनी है आपसे।

रघुराजसिंह : कहिए।

ऑसबर्न : आपको पता है कि नागौद में बगावत हुई है ?

रघुराजसिंह : हां पता है।

ऑसबर्न : उधर सोहागपुर में गरुड़सिंह ने बगावत कर दी है। नौगांव, नागौद, मैहर, बांदा, हर जगह पीस डिस्टर्ब है। हम नहीं चाहते कि नागौद जैसी हालत रीमा में भी हो। वैसे तो अभी तक सब ठीक है यहां, लेकिन बिहार के कुंअरसिंह की फौज सोहागी घाट तक आ पहुंची है। इसके पहले कि वह इधर को चले, हमें उसे वहीं से भगा देना है। हमें पता है कि रीमा रियासत की जनता आपके ऊपर बहुत भरोसा करती है। गॉड मानती है आपको। इसलिए हम चाहते हैं कि आप एक डिक्लेरेशन करें। घोषणा।

रघुराजसिंह : कैसी घोषणा ?

ऑसबर्न : कागज तैयार है, इस पर आपको सिग्नेचर करना है, बस।

सहायक कागज सामने करता है।

रघुराजसिंह : लेकिन क्या है इस घोषणा में ?

ऑसबर्न : इसमें आप ये घोषणा कर रहे हैं योर मैजेस्टी, कि जो भी सिपाही अपनी बहादुरी और वफादारी का बढ़िया नमूना पेश करेगा, उसे आपकी ओर से ईनाम दिया जाएगा।

रघुराजसिंह : *(तनिक सोचकर)* ठीक है, मैं दस्तखत किए देता हूं... लेकिन ऑसबर्न साहब, कभी-कभी हमें पता ही नहीं चलता कि हमारी फौज कर क्या रही है ?

ऑसबर्न : कैसी बात कर रहे हैं आप योर हाइनेस ? जब-जब आपकी फौज का इस्तेमाल किया है, ऑर्डर पर आपसे ही सिग्नेचर करवाया है, चाहे तो आप देख सकते हैं ! बाई द वे, ऐसा शक़ आपको कैसे हुआ ?

रघुराजसिंह : नहीं-नहीं, शक़ की बात नहीं है। ... हमें कुछ शिकायतें मिली हैं। नाहक ही लोगों को परेशान किया जा रहा है। जिसके यहां मन हुआ, सिपाही घुस जाते हैं, गैरजरूरी पूछताछ करते हैं।

ऑसबर्न : क्या आपको सचमुच वो पूछताछ गैरजरूरी लगती है?

रघुराजसिंह : नहीं-नहीं, ये मेरा मतलब नहीं था। लेकिन रिआया नाराज हो रही है। रिआया नाराज हो, न हम चाहेंगे, और जहां तक मैं समझता हूं न आप चाहेंगे ?

ऑसबर्न : ह ह ह ... महाराज, रिआया की फिक्र आपको कब से होने लगी ?

रघुराजसिंह : क्या मतलब ?

ऑसबर्न : रिआया तो अपनी किस्मत से जी रही है महाराज। सिर्फ आपकी हुकूमत में नहीं, पूरे ब्रिटिश इंडिया में जितनी भी हुकूमतें हैं, सबका यही हाल है। रिआया के लिए जो भी किया, आप लोगों ने नहीं, हमने किया। सड़कें बनवाई, पोस्ट ऑफिसेज़ खुलवाए, थाना खुलवाए... कचेहरी खुलवाई। रेल्वे लाईन बिछवाई। आप लोग तो बस अपनी शानोशौकत में रहते हैं, आप भी रहिए। आपकी शानोशौकत में कहीं कोई कमी आ रही हो, तो बताइए, वरना चुप रहने में ही आपकी भलाई है महाराज !

महाराज चौंककर देखते हैं। कोर्निश करके ऑसबर्न जाता है। ***अंधेरा : प्रकाश।*** *डुग्गीवाला आता है। डुग्गी बजते ही लोग इकट्ठे होते हैं।*

डुग्गीवाला : सुनो सुनो सुनो ! बांधवेश महाराज रघुराजसिंह जूदेव का ताजा ऐलान सुनो ! रीमा राज्य के हर आमोखास को इत्तला दी जाती है कि रीमा राज्य का जो भी सिपाही बागियों के खिलाफ अपनी बहादुरी और अपनी वफादारी का बेहतर नमूना पेश करेगा, उसे महाराज की ओर से ईनाम बख्शा जाएगा। सुनो सुनो सुनो !

डुग्गीवाला जाता है। लोग आपस में बात करना शुरू कर देते हैं।

व्यक्ति 1 : इसका मतलब क्या हुआ ?

व्यक्ति 2 : इसका मतलब ये हुआ कि सिपाही अब महाराज का हुकुम नहीं मानते।

व्यक्ति 1 : क्या ? हुकुम नहीं मानते ?

व्यक्ति 2 : हां, तभी तो ईनाम देने की जरूरत आ पड़ी !

व्यक्ति 1 : क्या कहते हो ! अरे मुनादी में ये है कि जो सिपाही अपनी वफादारी का बेहतर नमूना पेश करेगा, उसे ईनाम दिया जाएगा ! सबको थोड़ी ?

व्यक्ति 2 : मैंने कब कहा कि सबको देंगे ईनाम ?

व्यक्ति 1 : तो फिर तुमने ये क्यों कहा कि सिपाही अब महाराज का हुकुम नहीं मानते ?

व्यक्ति 2 : मैंने बिल्कुल सही कहा है।

व्यक्ति 1 : अरे तो साबित करो न !

व्यक्ति 2 : हमें क्या गरज पड़ी है साबित करने की ?

व्यक्ति 1 : तो फिर कहा क्यों ?

व्यक्ति 2 : कहा, हमारी मर्जी।

एक सिपाही आता है।

व्यक्ति 1 : अरे ऐसे मर्जी थोड़ी चलती है ?

व्यक्ति 2 : क्यों नहीं चलती है ? हमारी तो चलेगी। हमारी चलेगी। जो उखाड़ना हो उखाड़ लो !

सिपाही : ए ! क्या हो रहा है ? क्या हो रहा है ? काहे की बहसबाजी कर रहे हो तुम दोनों ?

व्यक्ति 1 : अरे दरोगा जी ! अच्छे समय पर आ गए आप। अभी मुनादी हुई। उसमें कहा गया कि जो सिपाही बागियों के खिलाफ महाराज के प्रति वफादारी का बेहतर नमूना पेश करेगा, उसे ईनाम दिया जाएगा !

सिपाही : अच्छा ! ऐसा कहा है ?

व्यक्ति 1 : आपने नहीं सुना ? दौड़िए, इसी तरफ गया है ! अब मैंने इसका मतलब इससे पूछ लिया तो इसने कहा कि इसका ये मतलब हुआ कि महाराज के सिपाही अब महाराज का हुकुम नहीं मानते !

सिपाही : ऐसा कहा इसने ?

व्यक्ति 1 : हां हजूर ऐसा ही कहा।

सिपाही : क्यों रे ?

व्यक्ति 2 : नहीं हजूर। हमारा मतलब ये नहीं था। हम तो इसे विस्तार से समझाने वाले ही थे कि ये झगड़ने लगा और उसके बाद आप आ गए !

सिपाही : तो काहे हम बीच में न आएं ? तुम लोग झगड़ते रहो, मारपीट करते रहो हम बीच में न आएं ? तुम इसके पेट में तलवार घुसेड़ दो और हम बीच में न आयें ?

व्यक्ति 2 : क्या कह रहे हैं हजूर ...

सिपाही : चुप ! बागी कहीं का !

व्यक्ति 2 : बागी !

सिपाही : चल थाने ! चल !

व्यक्ति 2 : मगर हजूर सुनिए तो !

सिपाही : अरे तेरी बागी की तो मैं अब बाजा बजा डालूंगा ... *(व्यक्ति 1 से)* ईनाम वाली बात तो सही है न ?

व्यक्ति 1 : सौ टका हजूर।

सिपाही व्यक्ति 2 को ले जाता है।

व्यक्ति 2 : *(चिल्ला कर)* सुन भाई, अब तो समझ में आ गया न !

व्यक्ति 1 असमंजस के साथ जाता है।

अंधेरा। पुनः प्रकाश। *ऑसबर्न एक स्थानीय सरदार के साथ बात करते हुए चहलकदमी कर रहा है। नौकर थाल में अंगूर लिए खड़ा है।*

सरदार : हजूर बागियों के हौसले इस वक्त बुलंद हो चुके हैं। जादा तो नहीं मालूम पर लगता है कि ये लोग कोई गहरा खडयंत्र रचने में लगे हैं। हजूर मेरी बात सोलह आने सच मानिए। मैंने अपनी आंखों से देखा है। गलत साबित हो जाये तो तोप से उड़वा दीजिएगा।

ऑसबर्न : हूं... हूं...... ठीक है। तुम अब जाओ।

सरदार खड़ा रहता है।

मुंशी इसे टिप दे देना !

सरदार जाता है। ऑसबर्न चिंतित।

खडयंत्र ! यानी कांस्पिरैसी ! क्या खडयंत्र करने वाले हैं ये लोग ?

गोली चलती है। ऑसबर्न और नौकर तुरंत जमीन पर लेट जाते हैं। दो तीन और फायर होते हैं। फायरिंग थमने पर ....

सिपाहियो ! पकड़ो इनको ! कौन हैं ये ! बाहर न निकलने पाएं !

दो सिपाही भाग कर आते हैं।

सिपाही 1 : हजूर वो भाग गए!

दोनों उठते हैं।

ऑसबर्न : ओफ्फ ! तुम लोग क्या कर रहे थे ?

सिपाही 2 : हजूर हम लोग दूर थे। जब तक पास आते वो भाग गए !

ऑसबर्न : वो कितने लोग थे ?

सिपाही 1 : दो आदमी थे हजूर।

सिपाही 2 : नहीं-नहीं। तीन थे। एक पहले ही कूद गया था। उसी के हाथ में बंदूक थी।

ऑसबर्न : और बाकी के हाथ में क्या था ?

सिपाही 2 : तलवार थी हजूर।

ऑसबर्न : हूं....। कौन लोग थे वो ? पहचाना तुमने ?

दोनों सिपाही चुप।

इसका मतलब तुम लोग जानते हो। बताना नहीं चाहते। ठीक है। तुम लोगों की भी गरदन उड़ा दी जाएगी।

सिपाही 1 : हम जानते हैं हजूर हम जानते हैं। वो हसमत अली था।

ऑसबर्न : कौन हसमत अली ?

सिपाही 2 : जो अपने यहां सिपाही है।

ऑसबर्न : ओ ! और बाकी दो ?

सिपाही 1 : भवानी लाल, और भवानी लाल का भतीजा।

ऑसबर्न : ये दोनों कौन हैं ?

सिपाही 2 : भवानी लाल अखबार नवीस है हजूर।

ऑसबर्न : हूं.... इनके लिए कुछ करना पड़ेगा। ठीक है। तुम दोनों जाओ। और मुस्तैदी से यहां पर चौकीदारी करो। ये मत समझना कि हम बेवकूफ हैं। हम जानते हैं कि तुम दोनों ने उन्हें जानबूझ कर जाने दिया है। लेकिन पहली गलती है, माफ किया।

दोनों सिपाही अपनी पगड़ी ऑसबर्न के कदमों में रखते हैं, जाते हैं। कर्नल हिंडे के साथ अन्य आफिसर भी आते हैं।

हिंडे : क्या हुआ ये ?

ऑसबर्न : आइए कर्नल हिंडे सर।

हिंडे : कांग्राचुलेशन्स ! प्रमोशन के लिए।

ऑसबर्न : थैंक्यू सर। देखा आपने ? अब बागी कंट्रोल से बाहर हो चुके हैं। हमें हर हालत में रीमा टाउन को बचाना है। नागपुर से कामटी कालम बुलवाइए।

हिंडे : यू आर राइट।

ऑसबर्न : और एक फोर्स को तोपों के साथ माधवगढ़ में तैनात कर दीजिए, जिससे नागौद के बागी सिपाही टमस नदी पार करके इधर न आ पाएं।

हिंडे : ये भी हो जाएगा।

ऑसबर्न : ये तो हो गई साउथ की बात। नॉर्थ में कुंअरसिंह सोहागी घाट तक आ चुका है। बल्कि कहें तो बेसोंदा तक पहुंच गया है।

हिंडे : हूं। वहां क्या करना है?

ऑसबर्न : सोचा था कि उसका मुकाबला हम मनगवां में करेंगे, लेकिन वो मूव ही नहीं कर रहा! कर्नल हिंडे सर! हमारे दो सौ सिपाही जो कटरा घाट की ओर गए हैं, उन्हें मोतियारी घाट पे लगा दीजिए और बाकी लोग रवाना हो जाइए कटरा घाट की ओर। हम कुंअर सिंह से कटरा घाट पर मिलेंगे।

हिंडे : राइट। नागौद की क्या खबर है?

ऑसबर्न : खबर अच्छी नहीं है। नागौद की पचासवीं पलटन के जितने इंडियन सिपाही है वो सब बागी हो चुके हैं। मेजर एलिस सेफ है, पर कहां है, मैं नहीं जानता। एक खबर सुनी है, बट नॉट श्योर। रीमा का एक सरदार वहां गया है। कौन है वो? पता चल जाएगा। अफसोस कि हमारे प्रपोजल को गवर्नमेंट ने एक्सेप्ट नहीं किया। वरना इतनी मुसीबत न आती।

हिंडे : कैसा प्रपोजल?

ऑसबर्न : हमने प्रपोज किया था कि कोठी, मैहर, सोहावल, कुसौन, अरैल और सोहागपुर स्टेट्स को कुछ समय के लिए रीमा स्टेट को दे दिया जाय।

हिंडे : उससे क्या होता?

ऑसबर्न : उससे बहुत कुछ होता! ये बागी सरदार सब अपने-अपने घर में रहते, यहां हमारी छाती पर फुटबॉल तो नहीं खेलते! खैर, ये आप लोगों का मामला नहीं है। तो हम बात कर रहे थे कुंअर सिंह की ... इस कुंअर सिंह का क्या करूं ...

दरअसल कुंअरसिंह के आने की खबर से ही यहां के बागियों के हौसले बढ़े हैं। उसके पास बड़ी सेना है। तोपें हैं, हाथी-घोड़े हैं। उम्र में तो बूढ़ा है लेकिन जोशीला बहुत है। कर्नल सर!

हिंडे : येस कैप्टन?

ऑसबर्न : आप बनारस जाइए। लेफ्टीनेंट जैक्सन मिर्जापुर जाएगा।

जैक्सन : सर।

ऑसबर्न : और मेजर किर्के अलाहाबाद जाएगा।

किर्के : राइट।

हिंडे : लेकिन किसलिए?

ऑसबर्न : कुंअरसिंह को घेरना है। चारों तरफ से।

किर्के हिंडे की ओर देखता है।

हिंडे : लेकिन इसमें तो बहुत टाईम लग जाएगा। और पता नहीं हमें सफिसिएंट फोर्स मिलती भी है या ...

आसबर्न : वेट वेट वेट ....। यू आर राइट। कुछ नहीं करना है। हमें कुछ नहीं करना है। अब हम टेंशन नहीं लेंगे। कुछ करेंगे भी नहीं। जो करेगा, रीमा महाराज करेगा। आज ही उसे लेटर भिजवाता हूं। आप लोगों को फर्दर ओर्डर्स मिलेगा। प्लीज गो!

तीनों : ओके।

अंधेरा। पुनः प्रकाश। *एक दासी महाराज को एक गिलास पानी देती है। महाराज पीते हैं। दासी चली जाती है। दीवान आता है।*

दीवान : महाराज, साहब सलाम!

रघुराजसिंह : साहब सलाम दीवान जी। दीवान जी, आज तीसरा दिन है, एजेंट की चिट्ठी को आए हुए। हमने कोई जवाब नहीं दिया उनको। समझ में नहीं आता कि हम करें क्या ? हमें तो डर है कि कहीं वो इसकी रिपोर्ट... अपने बाप-दादों को न पहुंचा दे !

दीवान : महाराज, ये हरगिज उचित नहीं होगा कि हम बाबू कुंअरसिंह को अपनी जमीन का इस्तेमाल करने दें। नाहक ही हम अंग्रेजों की नजर में चढ़ जाएंगे। बेहतर है उन्हें वहीं रोक दिया जाय। वो इलाहाबाद तरफ जाएं वहीं खेल-तमाशा करें जो करना हो।

एक अर्दली आता है।

अर्दली : आ सकते हैं अन्नदाता ?

रघुराजसिंह : हां बोलो।

अर्दली : आप जैसा हुकुम दिए थे, हमने आपका पत्र एजेंट बहादुर को दिया। उन्होंने उसी वक्त उसे पढ़ा भी। और महाराज, तुरंत फैसला भी बंता दिया।

रघुराजसिंह : फैसला ? क्या फैसला बताया ?

अर्दली : वो नहीं आएंगे।

महाराज घूर कर देखते हैं। दीवान की भृकुटी तनती है। महाराज दीवान की ओर देखते हैं।

दीवान : क्या ! एजेंट बहादुर का दिमाग फिर गया है क्या ? एक नौकर की इतनी हिम्मत कि वह महाराज की हुकुमउदूली कर दे ! मैं उनसे बात करूंगा। ये तो बदतमीजी है बदतमीजी !

रघुराजसिंह : क्या बात करेंगे आप ?

दीवान : कहूंगा कि वह आपसे माफी मांगे, वरना ..

रघुराजसिंह : वरना ? ... जब वरना की व्यवस्था न हो तो ऐसी धमकी देना वाजिब नहीं होता ! समझ गए दीवान बहादुर ! सब समय-समय की बात है। हमारे बुरे दिन आए हैं। अब तो बस, जाहे विधि राखें राम ताही विधि रहिए। कल हम खुद उनके पास जाएंगे।

दीवान चौंक कर देखता है। अर्दली जाता है।

दीवान : आपका वहां जाना बघेला शान के लिए ठीक नहीं होगा महाराज !

रघुराजसिंह : *(उग्र होकर)* जब चारों तरफ आग लगी हो, तो बावली नहीं खोदी जाती ? बघेला शान के लिए क्या ठीक होगा क्या ठीक नहीं होगा, मैं अच्छी तरह समझता हूँ।

दीवान : जैसी महाराज की मर्जी।

जाने को होता है।

रघुराजसिंह : मैंने कहा क्या जाने को ?

दीवान : क्षमा महाराज।

रघुराजसिंह : एक काम करिए।

दीवान : जी।

रघुराजसिंह : परासिन के इलाके को हथिया लीजिए।

दीवान : परासिन ?

रघुराजसिंह : हां, वहां के किले को भी। तिरोहा का दीवान राधागोविंद, पेशवा नारायण राव से विद्रोह करके वहीं रह रहा है। साथ ही राधागोविंद का सारा पैसा, संपत्ति जो भी मिले, सब का सब यहां ले आइए।

दीवान : परंतु महाराज ....

महाराज घूर कर देखते हैं।

रघुराजसिंह : जाइए।

दीवान जाता है। अर्दली आकर खड़ा हो जाता है। महाराज संकेत समझ कर अनिच्छा महसूस करते हैं। फिर भी इशारे से अर्दली को अनुमति देते हैं। अर्दली जाता है, पीछे से धीरसिंह आते हैं।

धीरसिंह : साहब सलाम महाराज !

रघुराजसिंह : साहब सलाम। आइए काका, क्या कहने आए हैं ?

धीरसिंह : कहूंगा क्या ! शिकायत ही करता था, वो भी कर-कर के थक गया। जनता के लिए जो मुनादी आपने करवाई थी, गलती से मैंने भी सुन ली है। हमें पकड़वाने वालों को ईनाम दिया जाएगा। बहुत बढ़िया। अभी हम आम जनता को उकसाने में लगे थे कि वो भी लाठी डंडा लेकर आएं मैदान में। अंग्रेजों को भगाने के लिए। अब उसमें आपने खतरा डाल दिया। अब मुनादी सुनके वो हमको पकड़वाएंगे कि अंग्रेजों को भगाएंगे ?

रघुराजसिंह : कोई डरने की बात नहीं है दादा, तेज करिए अपनी मुहिम। ये अंग्रेज तो अब मेरा भी अपमान करने लगा। बड़ी ज़िल्लत महसूस होती है। ले जाइए, जितना धन जरूरी हो ले जाइए और कुछ ठोस कार्रवाई करिए।

धीरसिंह : फिरंगी के दबाव में आपने ऐसा किया होगा, हम समझ रहे हैं। लेकिन दस्तखत करने के पहले इसके असर के बारे में आपको सोचना था। ये एक छोटा-मोटा हुकुम नहीं है। अभी हम बागी अपना काम करके किसी के घर में छुप जाते थे। अभी जनता के मन में हमारे लिए सहानुभूति थी, प्रेम था। लेकिन अब आपके इस हुकुम के बाद उनके मन में लालच होगी। रही बात जो आपने ये कही, कि ठोस कार्रवाई करिए,

तो महाराज, हम तो ईंट से ईंट बजा दें, पर क्या करें ! बीच में आप जो आ जाते हैं ! चलता हूं। साहब सलाम !

धीरसिंह जाते हैं। महाराज को शक होता है कि परदे के पास कोई खड़ा है।

रघुराजसिंह : कौन है वहां ?

दीवान : मैं हूं महाराज।

रघुराजसिंह : मैंने हुक्म दिया था कि आप जाइए । आप फिर भी यहां खड़े थे ?

दीवान : आपके हस्ताक्षर चाहिए। राधागोविंद की जायदाद हड़पने के मामले पर।

कागज सामने करता है । महाराज हस्ताक्षर करते हैं । दीवान जाता है।

अंधेरा । पुनःप्रकाश । *जंगली मार्ग में श्यामशाह व्यग्रता से चहलकदमी कर रहे हैं।*

श्यामशाह : पता नहीं सोहागपुर में क्या चल रहा होगा ! समझ में नहीं आता कि अभी तक भोला भाई क्यों नहीं आए ! आखिर पता तो चले कि फिरंगी सेना आ किधर से रही है ! अरे आओ भोला भाई ! क्या खबर लाए हो ?

भोला बारी : दादाभाई, ध्यान से सुनिए। वो अंगरेजवा का क्या नाम है ?

श्यामशाह : विलिंग्टन।

भोला बारी : हां। तो पता ये चला है कि अंगरेजबा की सेना सोहागपुर दो तरफ से पहुंच रही है।

श्यामशाह : दो तरफ से ?

भोला बारी : हां । एक टुकड़ी बिलासपुर तरफ से, और दूसरी टुकड़ी जबलपुर तरफ से। .

श्यामशाह : अच्छा ! क्या तुम्हें मालूम हुआ कि असलहा किस टुकड़ी में ज्यादा है ?

भोला बारी : असलहा ... अब मान लो दादाभाई कि अंगरेजबा जो है, वो बिलासपुर वाले रस्ते से आ रहा है। माने ये कि असलहा भी उधरै जादा होगा।

श्यामशाह : हां। निश्चित रूप से। पक्की जानकारी है न ?

भोला बारी : इसी फेर में तो देर हो गई।

श्यामशाह : तो फिर ठीक है। हम उनसे मुकाबला बिलासपुर वाले रास्ते में ही करेंगे।

भोला बारी : लेकिन दादाभाई अंगरेजबा उधरै से आ रहा है !

श्यामशाह : इसीलिए तो भोला भाई। यदि विलिंग्टन को मारना है और तोपों को हासिल करना है तो हमें उसी तरफ चलना होगा। चलो ! .. सेना को कहो, कि घात लगाकर उसी रास्ते पर बैठें ! चलो !

अचानक श्यामशाह रुक जाते हैं।

भोला बारी : क्या हुआ दादाभाई ? रुक काहे गए ?

श्यामशाह : कुछ नहीं भोला भाई। अचानक खम्हरिया की याद आ गई।

भोला बारी : भौजी साहब की ?

श्यामशाह : नहीं। मम्मा साहब की। जब भी रण में जाता था, दही खिलाती थीं।

भोला बारी : अरे हम लिए तो हैं। ये लेओ !

दही भरी शीशी निकालता है। दोनों दही पीते हैं।

श्यामशाह : सगुन हो गया, अब चलो !

दोनों जाते हैं।

प्रकाश में परिवर्तन।

दक्षिण का तेलंगा ब्राह्मण गाते हुए आता है। उसके साथ कई राहगीर भी हैं जो उसके साथ बीच-बीच में गा उठते हैं।

तेलंगा : *(गीत)*

भज गोविंदम् भज गोविंदम्,
गोविंदम् भज मूढ़मते!

गाते हुए वह विचित्र हरकतें करता है। लोग आते-जाते देखते हैं। दो सिपाही आते हैं, उससे पूछताछ करते हैं।

सिपाही 1 : बहुत अच्छा गाते हो।

सिपाही 2 : लेकिन गाते क्या हो, ये तो बताओ?

तेलंगा : अम्म गाता नहीं, सुनाता है। तुमने सुना?

सिपाही 1 : हां।

तेलंगा : अच्छा है।

जाने लगता है।

सिपाही 1 : लेकिन समझा नहीं न !

तेलंगा : बताता है.... भज गोविंदम..... गोविंद को भजो.... कीर्तन करो....

सिपाही 1 : किसके लिए गाया?

तेलंगा : तुमारे लिए नई गाया।

सिपाही 1 : हमारे लिए नहीं गाया? तो किसके लिए गाया?

सिपाही 2 : बता न, किसके लिए गाया?

तेलंगा : अपने लिए गाया। अपने लिए।

सिपाही 1 : अच्छा !

दोनों सिपाही एक कोने में आते हैं।

सिपाही 1 : तुम्हें क्या लगता है ?

सिपाही 2 : पागल है।

सिपाही 1 : लेकिन ये पागल है नहीं।

सिपाही 2 : तो ?

सिपाही 1 : ये बागियों का जासूस है।

सिपाही 2 : तो इसे उठा ले चलें ?

सिपाही 1 : और क्या। जो साहब का हुकुम है, वही सही है। चलो !

दोनों सिपाही तेलंगा को उठा ले जाते हैं।

तेलंगा : अमें कहां ले जाता है ? हे हे हे ... अच्चा है अच्चा है .. ए !!

सिपाही 1 : क्या है ?

तेलंगा : अमें इस तरफ से ले चलो !

सिपाही 1 : क्यों ? इधर क्या है ?

तेलंगा : रामा।

सिपाही 1 : और उधर ?

तेलंगा : श्यामा।

सिपाही 1 : तेरी तो ...

दोनों उसके पांव पकड़कर घसीटते हुए ले जाते हैं। वह चिल्ला रहा है।

व्यक्ति 1 : कैसे घसीटते ले गए हैं। कौन था ये ?

व्यक्ति 2 : एक तेलंगा ब्राह्मण है।

व्यक्ति 1 : ब्राह्मण ?

व्यक्ति 2 : हां। वो भी दक्षिण का !

व्यक्ति 1 : तब तो अनर्थ हो जाएगा ! महाराज के लिए भयंकर अशुभ होगा !

व्यक्ति 2 : अच्छा !

व्यक्ति 1 : राम-राम-राम ! हे प्रभु ! महाराज तक ये खबर पहुंचा दो प्रभु, वो जरूर इनकी रक्षा करेंगे !

व्यक्ति 2 : जरूर करेंगे । बस ये जरूर पता चल जाए कि प्रजा के लिए नहीं, 'उनके' लिए अशुभ होगा !

अंधेरा । पुनःप्रकाश । *महाराज आगंतुक विद्वानों को स्वरचित गीत सुना रहे हैं।*

रघुराजसिंह : **पानदान लीन्हें कोउ नारी।**
पीकदान कोउ पाणि पियारी।।

कवि 1 : बहुत सुंदर !

रघुराजसिंह : **पानदान लीन्हें कोउ नारी।**
पीकदान कोउ पाणि पियारी।।
अंतरदान कोउ गहे दुलारी।
लिए गुलाबदान कोउ झारी।।

कवि 2 : वाह वाह ! वाह वाह !

रघुराजसिंह : **लिहे नाल उरमाल रसाला।**
कोउ बीजन कोउ दर्पण माला।।
हरी हजारन संग में, रत्नजटित सखि पाणि।
जय विदेह नृपनंदिनी, बोल रही वर वाणि।।

दरबारी वाह-वाह करते हैं।

रघुराजसिंह : वाकई अच्छा है या ठकुरसुहाती कर रहे हैं ? अजवेश जी, आप तो बुजुर्ग हैं, राजकवि हैं, पिता महाराज के समय से। ठीक लग रहा है कवित्त ?

अजवेश : बहुत ही उच्चकोटि का है महाराज। आपका यह ग्रंथ सीतास्वयंवर कालजयी सिद्ध होगा। हम तो चाहते हैं कि आप सुदीर्घायु हों, ताकि यह धरती आपकी अनुपम लेखनी का लाभ पाती रहे।

रघुराजसिंह : सब आपका आशीर्वाद है। अरे ! राजवैद्य जी भी आए हैं ! अब क्षमा चाहूंगा आप लोगों से ..

अजवेश : हां हां अवश्य। प्रणाम महाराज।

रघुराजसिंह : प्रणाम।

महाराज की इच्छा समझ बाकी सब जाते हैं।

हां कहिए राजवैद्य जी !

राजवैद्य : अन्नदाता, आज्ञा हो तो स्वास्थ्य का हाल पूछ लूं ?

रघुराजसिंह : स्वास्थ्य नहीं ठीक है राजवैद्य। न तो मेरा, और न ही बघेला राज्य का। खैर... कोई नया इलाज खोजा हो तो वह भी शुरू कर दीजिए।

राजवैद्य : अन्नदाता, क्षमा चाहता हूं। अपनी बुद्धि और विवेक से मैं भरसक प्रयत्न कर रहा हूं कि आपको पूर्ण स्वस्थ कर दूं परंतु, ... उचित होगा कि यदि आप काशी के वैद्य को बुलवा लें !

रघुराजसिंह : बुलवा लूंगा। आप परेशान न हों। पधारिए अब।

राजवैद्य : प्रणाम अन्नदाता।

रघुराजसिंह : प्रणाम।

राजवैद्य जाता है। अर्दली आकर खड़ा होता है। महाराज संकेत करते हैं। अर्दली पीछे की ओर जाता है। धीरसिंह आते हैं।

रघुराजसिंह : आइए काका।

धीरसिंह : साहबसलाम महाराज।

रघुराजसिंह : साहबसलाम।

धीरसिंह : आपने जाना तो होगा कि आपके राज में एक गरीब ब्राह्मण गिरफ्तार किया गया है। उसे बहुत मारा-पीटा जा रहा है और हमने तो यहां तक सुना है कि उसे फांसी होने वाली है।

रघुराजसिंह : फांसी ?

धीरसिंह : हां महाराज फांसी। उसे बागियों का जासूस मुकर्रर किया जा रहा है।

रघुराजसिंह : लेकिन कौन है वो ?

धीरसिंह : दक्षिण का एक तेलंगा ब्राह्मण है। दिमागी रूप से कमजोर है। लेकिन वह कोई जासूस नहीं है, इतना यकीन है। अगर उसे फांसी हुई तो अनर्थ हो जाएगा।

रघुराजसिंह : ये तो घनघोर पाप होगा काका !

धीरसिंह : इसीलिए आप हस्तक्षेप करिए।

रघुराजसिंह : ठीक है। मैं दीवान दीनबंधु को एजेंट के पास भेजूंगा। इस पर भी वो नहीं माना तो मैं खुद कहूंगा, पर एक निर्दोष ब्राह्मण को फांसी नहीं होने दूंगा। आप बेफिक्र रहें।

धीरसिंह : एक खबर और देनी थी। गरुड़सिंह और जुझारसिंह ने अपनी भाभी सुलोचना कुंअरि को मार दिया है।

रघुराजसिंह : अरे ! क्यों ?

धीरसिंह : क्योंकि वो विधवा होने के बाद अपने देवर गरुड़सिंह को गद्दी नहीं देना चाहती थी, बल्कि खुद बैठना चाह रही थी। चलिए, ये भी चल जाता लेकिन वो ये सब अंग्रेज़ों के इशारे पर कर रही थी। सोहागपुर में आग काफी भड़की हुई है। श्यामशाह वहीं हैं।

रघुराजसिंह : और रणमतसिंह काका ?

धीरसिंह : वो नागौद तरफ हैं।

रघुराजसिंह : इधर भी देखिएगा। एजेंट ने कामटी बुलवा ली है।

धीरसिंह चौंक कर देखते हैं।

मेरा फर्ज था। बताना।

अंधेरा। पुनःप्रकाश। *ऑसबर्न अपने बंगले में।*

सिपाही : हजूर, महाराज साहब आ रहे हैं।

ऑसबर्न : ओह ! ले आओ यहीं पर !

सिपाही जाता है। महाराज और उनके पीछे सिपाही आते हैं, ऑसबर्न कार्निश करता है।

ऑसबर्न : आपका वेलकम है युवर हाइनेस !

रघुराजसिंह : कैसे हैं एजेंट साहब ?

ऑसबर्न : जिंदा हैं। तीन गोलियां चलीं, फिर भी बच गया।

रघुराजसिंह : हां, पता चला। कौन लोग थे ?

ऑसबर्न : सब मालूम हो गया है। आप परेशान न हों। *(नौकर से)* मुंशी को बुलाओ। *(नौकर जाता है।)* जिस वक्त गोली चली मैं यहीं पर था। इधर से फायर आया था। मैं लेट गया, और बच गया। इसके पहले का याद ही होगा आपको। आग लगाई गई थी। उसमें भी बच गया। इसका मतलब ये हुआ कि अब बस। इसके आगे और नहीं।

मुंशी आता है।

मुंशी : महाराज की जय हो !

ऑसबर्न : मुंशी, ऑर्डर पर महाराज के सिग्नेचर लो।

मुंशी कागज सामने करता है।

रघुराजसिंह : क्या है इसमें ?

ऑसबर्न : जिन लोगों ने मुझ पर हमला किया था, उन्हें पकड़वाने का आर्डर है योर हाइनेस।

रघुराजसिंह : अच्छा तो पता चल गया कि कौन-कौन हैं ? कौन हैं वो ?

ऑसबर्न : हसमत अली, भवानी लाल, और भवानी लाल का भतीजा देवी प्रसाद। तीनों को जिला बदर करने का आर्डर है। हां, हसमत अली के लिए इतना और है कि वह जहां भी मिले, उसे तुरंत फांसी पर लटका दिया जाय !

महाराज कुछ सोचने लगते हैं।

कोई परेशानी योर हाइनेस ?

रघुराजसिंह : नहीं-नहीं। कोई परेशानी नहीं।

महाराज हस्ताक्षर कर देते हैं। मुंशी जाता है।

ऑसबर्न : थैंक्यू युवर हाइनेस। योर हाइनेस, मैंने देखा कि यहां के लोग आपसे नाराज हैं। एक्चुअली वो ब्रिटिश रूल चाहते हैं। वो इन बागियों से भी छुटकारा चाहते हैं, लेकिन अफसोस है कि आप बागियों की सरपरस्ती कर रहे हैं। आज मेरे ऊपर गोली चली, मुझे जान से मारने की कोशिश की गई, इसका जिम्मेवार कौन ? .... आप। मेरे ऊपर अगर कोई भी हमला होता है, तो उसका जिम्मेवार कौन ? आप। सिर्फ आप। लिहाजा, खुद को बदलिए। यही अच्छा होगा।

रघुराजसिंह : नहीं एजेंट बहादुर। सच्चाई ये है कि लोग हमसे नहीं, आपसे नाराज हैं। हमारे बारे में फैसला सुनाने वाले आप कौन होते हैं ? आप एक अदने से मुलाजिम हैं, ब्रिटिश एंपायर के। आप से ऊपर बहुत सारे लोग हैं। लेकिन मेरे ऊपर कोई नहीं है। मैं बांधवेश हूं। बघेला राज्य का महाराज। आप मुझे जिम्मेवार मुकर्रर कर रहे हैं ? जिस रोज मैं चाह लूं आप एक पल भी यहां ठहर नहीं पाएंगे। पता नहीं चल पाएगा कि आपका जिस्म कहां गया। अपने देवता के लिए रियाया कुछ भी कर सकती है आप मानते हैं न ? इसलिए इस विषय पर मगजमारी न करिए कि जिम्मेदार कौन ! हमने आपको अपने महल बुलवाया, आपने मना कर दिया। अगर मैं अपने सिपाहियों को भेज कर, रस्सी से बंधवा कर बुलवा लेता, तो क्या होता ? आपकी जो ये ताकत है, हमसे ही है। हमारे ही सिपाहियों से है। आपके वो आका, बड़े-बड़े आका, आपको यहां बचाने नहीं आते ! आते भी तो, तब तक खेल खत्म हो चुका होता आपका। हम यहां धमकी देने नहीं आए हैं। आपने हमारी हुक्मउदूली की, हमने सह लिया। हम यहां आए हैं, आपको एक सलाह देने। कुछ दिनों के लिए रीमां छोड़कर दमोह चले जाइए। आपकी सुरक्षा के लिए एक वकील और कुछ सैनिक और मैं दे दूंगा। मैं भी अपने परिवार को लेकर बांधवगढ़ जाने का सोच रहा हूं। जब तक हालात सुधर नहीं जाते, वहीं रहूंगा।

महाराज जाते हैं। ऑसबर्न हतप्रभ। मुस्कराता है।

अंधेरा। प्रकाश। *मुंह में पट्टी बांधे क्रांतिकारी आते हैं। पट्टी खोलते हैं।*

रणमतसिंह : कमाल हो गया ! कमाल हो गया ! महाराज एक ऐसी पहेली निकले कि अपनी समझ से बाहर ही हो गए ! क्या हैं अपने महाराज ? संत कबीर हैं, कि गोसाईं तुलसीदास हैं ?

बांधोगढ़ जाके पोथी लिख रहे हैं! पूजापाठ कर रहे हैं! अब क्या कहते हैं आप दादाभाई ? कहीं आप भी न चल दीजिएगा वैराग्य धारण करके!

श्यामशाह : बाबा! कुछ तो संभलकर बोला करिए!

धीरसिंह : बाबा ठीक कह रहे हैं श्यामशाह। जो ये कह रहे हैं न, वो मेरे भी दिमाग में घुमड़ रहा है! और आज से नहीं, पिछले कई महीनों से। फर्क इतना है कि रणमतसिंह बोल रहे हैं और मैं बोल नहीं रहा हूं। ये कैसी लड़ाई लड़ रहे हैं हम लोग? क्या होगा इसका? न कोई हमारा नेता है, न कोई हमारा सेनापति है! काश दिल्ली की सल्तनत इतनी कमजोर न हुई होती!

रणमतसिंह : ह ह ह ह .... कितने काश लगाएंगे दादाभाई अपने इतिहास में ? हिंदुस्तान का इतिहास काशों का इतिहास है ! काश जहांगीर ने तिजारत करने आए अंग्रेजों को दरियादिली न दिखाई होती! काश मीर जाफर ने गद्दारी न की होती! काश राजपूत राजाओं में मूंछ के लिए अपने भाइयों के साथ मारकाट न की होती ! काश काश काश ... ये काशों का इतिहास है दादाभाई! उसको याद करने से बेहतर है कि हम वर्तमान में जिएं! वर्तमान को देखें!

धीरसिंह : क्या वर्तमान को देखें ! आप जो ये बोल रहे हैं न, ये सिलसिला अभी तक चल रहा है अभी तक। काश महाराज रघुराजसिंह इस लड़ाई में खुलकर हमारे साथ होते ! काश वो अंग्रेजों को अपनी सेना न दिए होते! काश वो बांधवगढ़ को पलायन न किए होते! आखिर अचानक बांधवगढ़ जाने की क्या मजबूरी थी! अब तो खुल्ला राज हो गया फिरंगी का! न कोई संदेश दिया हम लोगों को, न कोई ...

एक बागी सरदार आता है।

बागी : संदेश तो आया है महाराज का, लेकिन ठाकुर रणमतसिंह के लिए।

रणमतसिंह : मेरे लिए? क्या संदेश? और आप कब मिले महाराज से?

बागी : उन्होंने मुझे बुलवाया था। बांधवगढ़। आप लोगों को इसलिए नहीं बुलवाया ताकि फिरंगी को संदेह न हो।

रणमतसिंह : ठीक है ... ठीक है .. चिट्ठी दीजिए!

बागी : चिट्ठी नहीं है। जबानी संदेश है।

सभी एक-दूसरे को हैरानी से देखते हैं।

आपको पन्ना जाना है। महाराज ने दो सौ सैनिक आपको दिए हैं। उनको लेकर रवाना होइए।

धीरसिंह : पन्ना?

श्यामशाह : पुराना झगड़ा है।

रणमतसिंह : पुराना झगड़ा तो मेरा था।

धीरसिंह : अरे कैसा झगड़ा? और किससे?

रणमतसिंह : अरे दादाभाई मेरी पुस्तैनी जागीर को पन्ना राजा ने हड़प लिया था।

धीरसिंह : हां हां वो मुझे मालूम है। तो क्या आपको वो जागीर दिलाने का महाराज ने फैसला लिया है? और वो भी इस वक्त?

रणमतसिंह : अरे नहीं दादाभाई। दरअसल पन्ना और रीमा के बीच सरहद को लेकर भी झगड़ा है। इसलिए भेज रहे होंगे।

बागी : आप ठीक कहते हैं। इसीलिए है।

धीरसिंह : लेकिन सिर्फ दो सौ सिपाहियों के साथ?

श्यामशाह : बाकी अंग्रेज़ों को दे दिया है न!

रणमतसिंह : दो सौ भी खूब हैं दादाभाई। इसकी फिक्र न करिए। फिक्र तो मुझे ये हो रही है कि क्या ये वक्त सही है पन्ना राजा से लड़ने के लिए?

श्यामशाह : महाराज ने कुछ सोच-समझ कर ही आदेश दिया होगा! पन्ना राजा तो वैसे भी अंग्रेजों का भक्त है।

धीरसिंह : लेकिन हम लोग क्या करें! श्यामशाह, क्या कहते हैं आप?

श्यामशाह : मेरा खयाल है कि आपको सोहागपुर जाना चाहिए। आपके जाने से विद्रोहियों को बल मिलेगा। परंतु तात्या जी से पूछ लेते। उनका अभियान क्या है?

धीरसिंह : उनका अभियान चरखारी जीतने का है। और मुझे क्या करना है, ये भी बता दिया है उन्होंने। अच्छा, रणमत सिंह, विदा लेता हूं। विजयी होकर लौटिए। ईश्वर से प्रार्थना है।

सभी एक-दूसरे के गले लगते हैं।

अंधेरा। पुनःप्रकाश। *जंगल। कुंअरसिंह का पड़ाव। एक बागी लकड़ी काटते हुए गा रहा है।*

किशोर : **बाबू कुंअरसिंह तेगवा बहादुर**
बंगला पे उड़ता अबीर
होरे लाला बंगला पे उड़ता अबीर!

कुंअर सिंह आते हैं।

कुंअरसिंह : ये का गा रहा है रे किशोरबा? अरे घर की सुधि आ रही है तो कुछ और गा, सुना हमको भी!

किशोर : **गोरिया करके सिंगार!**
पटना से आवेला सिल-सिल बटिया
मिथिला के हरदी-पुरान हो!
बाबा मिथिला के हरदी पुरान
अंगना मां पिसेला हरदिया

गोरिया करके सिंगार....

अरे दद्दा हम तो आप में रम गए हैं। अब हमको किसी और में रत्ती भर सुख नहीं मिलता!

कुंअरसिंह : अरे काहे झुट्ठे बक रहा है रे ? इतना सकोचिया काहे रहा है? घर की याद आना गलत बात थोड़े ही है ? अरे महीना भर हुआ रे जगदीशपुर से निकले।

सरदार : सरदार, रीमा राज्य के कुछ लोग आपसे मिलने आए हैं।

कुंअरसिंह : रीमा राज्य के ? अच्छे से निरख लिए हो न ? तो यहां ले आओ!

सरदार : जो हुकुम सरदार।

जाता है। हसमत अली, भवानी लाल और देवी प्रसाद को लेकर आता है।

हसमत अली : सरदार कुंअर सिंह को सलाम!

कुंअरसिंह : सलाम। कहिए कौन विभूति हैं आप लोग?

हसमत अली : सरदार हमलोग रीमा राज्य से आए हैं। मेरा नाम हसमत अली है, ये हैं अखबार नवीस भवानी लाल और ये हैं इनके भतीजे देवी प्रसाद।

कुंअरसिंह : हूं. .. कैसे आना हुआ?

हसमत अली : वतन के लिए कुछ करना चाहते हैं। हमें अपने साथ कर लीजिए बाबू साहब।

कुंअरसिंह : अभी तक कुछ किया है, या छूंछे हो?

हसमत अली : अंगरेज अफसर पर गोली चलाया है। लेकिन वो बच गया।

कुंअरसिंह : अरे बचना न बचना तो भगवान के हाथ में है भाई। अपने हाथ में थोड़ी है ? अरे तुमने करम किया न ? नाम जाहिर हुआ कि नहीं?

हसमत अली : जाहिर हो गया सरदार।

कुंअरसिंह : तो कुछ इनाम-विनाम मिला ?

हसमत अली : हां सरदार। देस-निकाला मिला है, और हमको तो फांसी पर लटकाने का।

कुंअरसिंह : बहुत बढ़िया ! इहै तो चहिए था ! हो जाओ शामिल ! ऐसेइ लोगों की तो जरूरत है। और भी तुम्हारे जितने संगी-साथी हों, सबको बुला लो !

हसमत अली : शुक्रिया सरदार। जरूर बुलाऊंगा।

कुंअरसिंह : और बताओ, धीरसिंह, श्यामशाह, पंजाबसिंह और रणमतसिंह जैसे सूरमा कहां बिलाए हैं?

हसमत अली : बिलाए नहीं हैं सरदार। वो सब बहुत कुछ करना चाह रहे हैं लेकिन महाराज इजाजत नहीं दे रहे हैं।

कुंअरसिंह : हुंह ! क्या बकलोली है ! जानते हो ? ये तुम्हारे महाराज रघुराजसिंह हमारे रिश्तेदार हैं ! हम उनको बहुत पहले बता दिए थे कि हम आ रहे हैं। बोले कि हां आइए, आइए। हम आपके साथ हैं। अब 6 अगस्त 1857 से हम यहां डेरा डाले हुए हैं, कौनो सुगबुगाहटै नहीं ! हम आए यहां किसलिए ? इसीलिए न, कि टोंस नदी पार करके रीमा होते हुए जाएंगे और नागौद रेजीडेंसी पर हमला बोलेंगे ? पर तुम्हारे महाराज रघुराजसिंह की मदद के बिना हम कुछ नहीं कर सकते ! बोलो, कर सकते हैं क्या ? अरे वो हमें सिपाही दें न दें, हमें जाने का रस्ता तो दें !

भवानी लाल : अन्नदाता से कौनौ संपर्क हुआ ?

कुंअरसिंह : तुम्हारे अन्नदाता तो हमारी समझ के बाहर होइ रहे हैं। कब कौन सी चाल चल दें, कोई भरोसा नहीं ! अब पता चला है कि बांधोगढ़ भाग गए !

देवी प्रसाद : बांधोगढ़ ! रीमा को फिरंगी के हवाले करके ?

कुंअरसिंह : हां। खैर छोड़ो ! अब देखो, हमारे पास बाईस तोपें हैं और सौ हाथी। लेकिन सिपाही केवल चौबीस हैं। हमें और सिपाही चाहिए। हमें बड़ी खुशी हुई कि आप लोग यहां आ गए। बस यही चाहते थे कि रणमतसिंह भी आते ...

हसमत अली : सुना है उनको महाराज ने पन्ना भेज दिया है। अजयगढ़ के राजा से लड़ाई के लिए।

कुंअरसिंह : ई लो ! उनको पन्ना भेज दिया ! हां ससुरा पन्ना वाला भी अंग्रेजों का लगुआ ही है। जाने दो। रनमतसिंह काफी हैं उसके लिए।

एक सरदार आता है।

सरदार : बाबू साहब, ये एक संदेश आया है रीमा से।

एक पत्र देता है। कुंअरसिंह पढ़ते हैं।

कुंअरसिंह : वही हुआ जो अंदेशा था। का हो ! तुम लोग ढोल पीटते इधर आए हो का ?

हसमत अली : नहीं बाबूसाहब, बहुत ही लुकछुप के आए हैं ! क्या हुआ ?

कुंअरसिंह : रीमा महाराज ने हमको आगे न बढ़ने की हिदायत दी है।

हसमत अली : क्या ! ऐसी तो उम्मीद नहीं थी।

कुंअरसिंह : उन्होंने लिखा है कि अब भी हम उनकी ओर आए तो वे हमें दुश्मन समझेंगे।

देवी प्रसाद : तो क्या करेंगे बाबू साहब ?

कुंअरसिंह : अरे बचवा, अभी तो हम यहीं रहेंगे। इंतजार करेंगे। देखेंगे कि रीमा महाराज हमें क्या समझते हैं। दोस्त या दुश्मन !

एक सिपाही आता है।

सरदार : सरदार ! एक बुरी खबर है।

कुंअरसिंह : क्या हुआ ?

कुछ कहना चाहता है, परंतु दूसरों के आगे बताने में हिचकता है।

बताओ, बताओ, ये अपने ही लोग हैं।

सरदार : हमारी सेना को रोकने के लिए महाराज रघुराजसिंह ने अपनी सेना भेज दी है। दो हज़ार सिपाही हैं उसमें।

कुंअरसिंह : जादा भड़भड़ाओ नहीं ! हां, अब बताओ।

सरदार : रीमा महाराज ने ईश्वरजीत सिंह की अगुआई में सेना भेज दी है। वो लोग कटरा घाट के पास तक पहुंचने वाले हैं। अंगरेजौ हैं उसमें। और ये भी पता चला है कि जब महाराज की सेना रीमा से चल के मनगमा पहुंची तो सेना में विद्रोह हो गया रहा ! कई सरदार आपसे लड़ने को तैयार नहीं थे। कह रहे थे कि अब हम रीमा महाराज की सरहद्दी से बाहर निकल आए हैं और अब हम सुतंत्र हैं !

कुंअरसिंह : ये तो अच्छे संकेत हैं। फिर क्या हुआ ?

सरदार : फिर, एजेंट के कहने से महाराज खुदै आए मनगमा तक। अपने सिपाहिन को मनाने। तब ये सेना चली है।

कुंअरसिंह : हूं। ये ईश्वरसिंह कौन है भाई ?

हसमत अली : मऊ के तहसीलदार हैं, तेंदुन के ठाकुर।

कुंअरसिंह : इसका मतलब ये हुआ कि रीमा महाराज अब खुल कर सामने आ गए हैं। उनके बारे में हमने सोचा था कि कम से कम निनार रहेंगे, लेकिन उन्होंने तो हमें भगाने का ही सोच लिया !

हसमत अली : उन पर बड़ा दबाव है बाबूसाहब !

कुंअरसिंह : तो तुम काहे आ गए मरने ? उन पर दबाव का बड़ा दुक्ख है तो जाओ उन्हीं की तरफ से लड़ो ! अरे बघेला महाराज हैं। रीमा राज्य के। कुछ अपने देस, अपने माटी के खतिरौ जी लेने को चाहिए कि बस अपनी गद्दिऐ सबकुछ है ?

सरदार : अब हम क्या करेंगे सरदार ?

कुंअरसिंह : हूं...। देखो बचवा, हमने अपनी सेना और ताकत इसलिए नहीं इकट्ठी की है कि हम अपनों से ही लड़ें। ऐसे में तो हम जल्दी ही खतम हो जाएंगे। इससे अच्छा ये होगा कि हम अपनी ताकत का इस्तेमाल दूसरी ओर करें।

सरदार : दूसरी ओर ? तो क्या हम लौट चलेंगे ?

कुंअरसिंह : नहीं रे। यहां एक रणबांकुरा है, जिसने हमें बुलाया था। डभौरा के रणजीत राय दीक्षित। उनके पास उनकी अपनी सेना है। और सबसे बड़ी बात ये कि ये पंडित जी आज्ञा पाने के लिए रीमा महाराज का मुंह नहीं देखते। हमें ऐसे सेनानियों से क्या लेना-देना जो कुछ करने से पहले महाराज की आज्ञा जोहें। चलो ! अपनी सेना से कहो, कूच करे डभौरा की ओर ! वहां पहुंचकर देखेंगे कि किधर को चलना है ! पर एक बात कहे देते हैं। आग अब सुलग चुकी है। हम इधर जाएं या उधर जाएं, पर रीमा में आग बढ़ेगी ! हां, कुछ न कुछ जरूर होगा !

हसमत अली : सरदार कुंअरसिंह की !

सभी : जय !

अंधेरा। पुनःप्रकाश। *ऑसबर्न का बंगला। पहरेदार पहरा देते हुए आ-जा रहे हैं। बाहर शोर सुनाई देता है। अकेले में ऑसबर्न आता है, सुनने की कोशिश करता है कि शोर किस बात का है।*

ऑसबर्न : सिपाही ! सिपाही !

सिपाही आता है।

ये कैसा शोर है ?

सिपाही : हुजूर। बहुत सारे लोग बंगले के बाहर इकट्ठे हो गए हैं !

ऑसबर्न : और तुमने अब बताया ? कितने लोग हैं ?

सिपाही : दो-ढाई हजार से कम नहीं होंगे हजूर।

ऑसबर्न : दो-ढाई हजार ! क्या चाहते हैं वो लोग ?

सिपाही : तेलंगा ब्राह्मण को फांसी न दी जाय !

ऑसबर्न : ओह ... । रिलीजियस मुद्दा ! अपने बंगले में कितने सिपाही हैं ?

सिपाही : बीस हैं हुजूर।

ऑसबर्न : उनके पास बंदूकें हैं ?

सिपाही : हां हुजूर।

ऑसबर्न : कोई अफसर है ?

सिपाही : हां हुजूर।

ऑसबर्न : बुलाओ उसको ।

सिपाही जाता है।

आफिसर : सर !

ऑसबर्न उसका गिरेबान पकड़कर झकझोरता है।

ऑसबर्न : ढाई हजार पब्लिक आ गया, तुम सो रहा था ?

आफिसर : सर वो अचानक आए हैं।

ऑसबर्न : किसी आदमी से लेटर भेजो ! बांदा भेजो, नागौद भेजो ... सुना नहीं, मैंने क्या कहा ?

आफिसर : सर, उन्होंने बंगले को चारों तरफ से घेर रखा है। वो न किसी को आने दे रहे हैं, न किसी को जाने दे रहे हैं।

ऑसबर्न : क्या करने वाले हैं वो लोग?

आफिसर : कुछ नहीं मालूम।

ऑसबर्न : कहीं से कुछ दिखाई दे रहा है?

आफिसर : बाहर निकलने में खतरा है। सर, यहां से थोड़ा-सा दिख रहा है!

ऑसबर्न दूर देखता है।

ऑसबर्न : माई गॉड! ये सब तो बहुत एग्रेसिव लग रहे हैं!

आफिसर : उनके हाथों में बंदूकें भी हैं। भाले-लाठी, बरछियां और तलवारें हैं।

ऑसबर्न : ये जरूर अटैक करेंगे। व्हाट शुड आई डू? .. लेट मी थिंक .. लेट मी थिंक .. कौन-कौन हैं उनमें? सरदारों के नाम बताओ!

आफिसर : कुछ पता नहीं चल रहा है सर।

ऑसबर्न : हिंदुस्तानी सिपाहियों को बाहर भेजो, वो पहचानेंगे।

आफिसर : वो डर के मारे नहीं जा रहे हैं।

ऑसबर्न : देन ओके। .. फायर करो!

आफिसर : सर?

ऑसबर्न : हवाई फायर। कम से कम फिफ्टी राउंड्स।

आफिसर : सर, अपने पास इतने कारतूस कहां हैं!

ऑसबर्न : व्हट! ओके ... ये बात बाहर नहीं जानी चाहिए। मुंशी!

मुंशी आता है।

मुंशी : जी सरकार।

ऑसबर्न : एक लेटर बनाओ ! बनारस के डिप्टी गवर्नर को। लिखो कि रीमा टाउन में रिलीजन के नाम पर लोगों को भड़काया जा रहा है। सिचुएशन कंट्रोल से बाहर हो रही है। हमें तुरंत फोर्स चाहिए। इसलिए मिर्जापुर में लगी हुई मद्रास की सत्रहवीं रेजीमेंट को तुरंत रीमा रवाना कर दें। इस लेटर को किसी घुड़सवार से भिजवाना, हाथों हाथ जवाब चाहिए।

मुंशी : जो हुकुम सरकार।

आफिसर : सर, एक बुरी खबर और है।

ऑसबर्न : क्या ?

आफिसर : बागी चिल्ला रहे थे कि विजयराघवगढ़ के सरजू प्रसाद सिंह ने हमारे तहसीलदार शामत अली को मार डाला है !

ऑसबर्न : ओके ओके, तुम यहां देखो, क्राउड कुछ कम हुआ या नहीं ?

आफिसर : सर, क्राउड कम नहीं हो रहा।

ऑसबर्न चिंतित। मुंशी आता है।

मुंशी : हजूर जिन सरदार को आपने बुलाने को कहा था, वो आ गए हैं।

ऑसबर्न : उसे यहां भेजो।

मुंशी : अच्छा हुजूर।

मुंशी जाता है।

ऑसबर्न : ये आदमी काम का हो सकता है।

सरदार : सलाम हजूर।

ऑसबर्न : आइए आइए ठाकुर साहब ! अंदर तक आने में कोई तकलीफ तो नहीं हुई ?

सरदार : तकलीफ किस बात की हजूर ! हमें रोकने की हिम्मत किसमें है ! कहिए कैसे याद किया ?

ऑसबर्न : ठाकुर साहब, हम बड़ी मुसीबत में हैं। देख ही रहे हैं, कि हमारे बंगले को घेर रखा है सबने। कभी भी कुछ भी हो सकता है। ये चाहें तो हमें मार भी सकते हैं। रीमा महाराज ने हमें यहां अपांइट किया है, लॉ एंड ऑर्डर देखने के लिए, और हम ही यहां सबसे ज्यादा इनसेक्योर हैं। हम चाहते हैं कि...

सरदार : मैं समझ गया हजूर। आप बेफिक्र रहिए। मेरे होते हुए आपका बाल भी बांका नहीं होगा।

ऑसबर्न : इसके एवज में आप जो चाहें हम आपको दे सकते हैं।

सरदार : आप हमारे मेहमान हैं साहब और हम महाराज के सरदार हैं। आपकी जानोमाल की हिफाजत करना हमारा फर्ज है। हम अपने आदमियों को यहां चारों तरफ लगा देते हैं। हम खुद निगरानी रखेंगे, आप बेफिक्र रहें।

ऑसबर्न : शुक्रिया।

सरदार जाता है। कोने पर ऑसबर्न चिंतित अवस्था में स्थिर होता है।

अंधेरा। पुनःप्रकाश। *चिंतित मुद्रा में महाराज रघुराजसिंह खड़े हैं। विचलन में टहलने लगते हैं। तभी वेश बदले हुए धीरसिंह आते हैं।*

रघुराजसिंह : काका !

दोनों गले लगते हैं।

धीरसिंह : महाराज, मेरे पास समय बहुत कम है।

रघुराजसिंह : इस समय कहां पर हैं आप ?

धीरसिंह : नागौद के पास तैनात हूं। ब्रिटिश फोर्स को रोकने के लिए। धर्मरक्षक तात्या टोपे चरखारी पहुंच चुके हैं। छतरसिंह, पंजाबसिंह उनके साथ हैं।

रघुराजसिंह : और हमारे पंद्रह सौ सिपाही ?

धीरसिंह : वो भी पहुंच चुके हैं।

रघुराजसिंह धीरसिंह को देखकर भावुक होते हैं।

रघुराजसिंह : काका, इतना मन करता है कि सब ये माया-मोह छोड़कर हथियार उठा लूं और आप लोगों के साथ निकल पड़ूं युद्ध-मैदान में। क्यूं फंसा हूं इस अनिर्णय की स्थिति में ? मालूम है नानाजी पेशवा ने चिट्ठी में मुझे क्या लिखा है ? लिखा है कि जो शासक, चाहे वो हिंदू हो या मुसलमान, यदि अंग्रेजों का साथ देता है तो वह धर्म का नाशक है। मगर आप ऐसे नहीं हैं। उन्होंने मुझे लिखा- मगर आप ऐसे नहीं हैं। आपका जिक्र किया है उन्होंने कि आपने मेरे बारे में उन्हें सविस्तार बताया है। लिखा है कि वो मुझ पर बहुत प्रसन्न हैं। इतना विश्वास उनका मुझ पर ! और मैं ? फंसा हुआ हूं दो पाटों के बीच में ! काका, मैं धूल भी नहीं हूं इनके आगे ! नाना, तात्या, लक्ष्मीबाई, बेगम हजरत महल ! कुछ नहीं हूं मैं इनके आगे ! आप बड़े सौभाग्यशाली हैं। आप हुए, श्यामशाह काका, रणमतसिंह काका, धन्य हैं आप सब ! हो सके तो हमें माफ करिएगा ! जाइए आपका बहुत समय ले लिया। ये लेते जाइए। चार लाख रुपए हैं। पांच मैं और दूंगा, व्यवस्था करके। सबको मेरा प्रणाम कहिएगा।

धीरसिंह गठरी उठाते हैं। महाराज की ओर भावपूर्ण ढंग से देखते हैं।

धीरसिंह : महाराज, कुछ और भी बताना चाहता हूं।

रघुराजसिंह : कहिए काका।

धीरसिंह : एजेंट का बंगला घेरने के जुर्म में भगवंतसिंह, सालोतसिंह को राज्य से निकाल दिया गया है।

रघुराजसिंह : मालूम है काका मुझे।

धीरसिंह : आपकी फौज आपके दीवान की अगुआई में अंग्रेजों के लिए लड़ने गई है। विजयराघवगढ़ में तेरह दिन तक लड़ाई चली है। तेरह दिन तक। सरजू प्रसाद और नेपालसिंह तो बच निकले लेकिन नब्बे देशप्रेमियों को तुरंत वहीं फांसी पर लटका दिया गया है!

महाराज चौंकते हैं।

मैंने ये सब आपको क्यों बताया, बताने की जरूरत नहीं होगी। अब चलता हूं, समय कम है।

तेजी से जाते हैं।

अंधेरा। पुनःप्रकाश। *आल्हा गायक, गाते हुए आते हैं।*

आल्हा गीत : **रीमा की गाथा को छोड़ो,**
अब आवो कुछ और दिखाएं!
अगल-बगल के राज में जो था,
उनका अब कुछ हाल सुनाएं!!

रीमा के उत्तर में क़ायम
चरखारी का हाल बतायें!
जहां का राजा बेईमान था
अंगरेजन का बना सहाय।।
जहां का राजा बेईमान था ..

देख के उसकी ऐसी लीला
तात्या की भृकुटी तनि जाय!
चढ़ घोड़े पे दौड़ पड़े वो

औ चरखारी पहुंचे आय ॥
चढ़ घोड़े पे दौड़ पड़े वो ..

तात्या की तो बात कहें क्या
उनके अस सेनानी नाय
साथ में उनके वीर बघेला
धीर और पंजाब सहाय ॥
साथ में उनके वीर बघेला ...

अरे धीर संभाले ग्रैंड ट्रंक को
सड़क पे अपनी नजर गड़ाय !
जबलपूर और सागर से ना
इधर फिरंगी आने पाय ॥
जबलपूर और सागर से ना ...

अरे तात्या जैसा वीर सेनानी
चरखारी को तहस कराय !
नाना के दमदार सिपाही
दिये फिरंगी धूल चटाय ॥
नाना के दमदार सिपाही ...

गढ़ी छोड़ बाकी नगरी पे
तूफां उनने दिया मचाय !
अनगिन तोप औ गोला पाके
अपनी सेना लिए बढ़ाय ॥
अनगिन तोप औ गोला पाके ...

इसके पहले चलें वो पन्ना
झांसी में संकट गहराय !
मोड़ दिए वो अपने दल को

और झांसी को पहुंचे जाय ॥
मोड़ दिए वो अपने दल को ...

झांसी में जो जुद्ध मचा वो
उसका किस्सा कहो न जाय
जनता में कोहराम मच गया
लच्छमी बाई शहीदन भाय !
अब कैसे आगे जुद्ध होगा
कोऊ समझ न कुछ भी पाय ॥
कैसे जुद्ध लड़ेंगे अब हम...

आल्हा गायक जाते हैं । एक स्थानीय मुखबिर के साथ ऑसबर्न आता है। पीछे-पीछे दो अंग्रेज सिपाही आकर खड़े हो जाते हैं।

ऑसबर्न : इसमें कोई शक नहीं कि ये हमारे लिए बहुत बड़ी खबर है कि लक्ष्मीबाई मारी गई । फिर भी तात्या निकल गया । नाना अभी तक जिंदा है, कहां है गॉड नोज । लीव इट । इसके लिए और लोग हैं सोचने वाले। हमें तो ये सोचना है कि यहां के बागी कहां हैं, और क्या कर रहे हैं !

मुखबिर : सरकार, हमें पता चला है कि रणमतसिंह अपने सिपाहियों के साथ लक्ष्मीबाई की सेना में था। पंजाबसिंह भी वहीं था।

ऑसबर्न : सब पुरानी खबर दे रहे हो । तुम ये बताओ कि वो निंब से कहां भाग गया ?

मुखबिर : निंब से ?

ऑसबर्न : हां । हमें खबर मिली थी कि रणमतसिंह और पंजाबसिंह लक्ष्मीबाई की मौत के बाद वहां से आकर निंब में ठहरा था। साथ में उसके तीन सौ सिपाही भी थे । हमारी सेना ने वहां छापा मारा, लेकिन इसके पहले कि हम वहां पहुंचते, वो

दोनों भाग गए ! अपने सिपाहियों के साथ। यहां पर, सबसे बड़ा सवाल ये है कि किसने उन्हें खबर दी ?

मुखबिर : कौन हो सकता है ? महाराज तो बांधोगढ़ में हैं।

ऑसबर्न : नहीं । वो रीमा आ चुके हैं । खैर, वो भी पता चल जाएगा । और कोई खबर ?

मुखबिर : सरकार, धीरसिंह के पास पैसे की बहुत कमी हो गई है । उसने श्यामशाह से कहा पैसे का जुगाड़ करने के लिए, श्यामशाह ने कर भी दिया, लेकिन अभी उसको और भी जरूरत है । श्यामशाह ने धीरसिंह को रीमा बुलाया है । सरकार... मुझे लगता है कि ये लोग रीमा में कुछ करने वाले हैं।

ऑसबर्न : श्यामशाह तो बहुत ही खतरनाक है। ये जो न करे वही कम है। ठाकुर जी, माधवगढ़ के आप सब राजपूतों पर मुझे पूरा भरोसा है । ये लीजिए तीन हज़ार रुपए । बस, जब हम सूचना दें, अपने आदमियों के साथ यहां आ जाइएगा।

मुखबिर : आ जाएंगे सरकार। अब मैं चलूं ?

ऑसबर्न : हां। थैंक्यू।

मुखबिर जाता है।

कुछ करने वाले तो हैं ये लोग। लेकिन क्या करने वाले हैं ?

अंग्रेज अफसर आता है।

आफिसर : आपने मुझे बुलाया सर ?

ऑसबर्न : ओ येस। मुझे ये आदमी समझ में नहीं आता।

आफिसर : कौन आदमी सर ?

ऑसबर्न : यही। रीमा महाराज । जब-जब मैंने उससे कोई मदद मांगी, उसने तुरंत दिया है । मुझे यकीन है कि वो अपनी गद्दी को

सेफ रखना चाहता है। वो कोई रिस्क नहीं ले सकता। लेकिन वाकए कुछ ऐसे होते हैं कि शक की सुई उसी की तरफ जाती है।

आफिसर : मसलन ?

ऑसबर्न : छोड़ो। ये बताओ इस वक्त रीमा में इन बागियों का सरदार कौन है ? कौन है जिसके इशारे पर सबलोग कुछ खिचड़ी पका रहे हैं ?

आफिसर : खिचड़ी ? व्हट खिचड़ी ?

ऑसबर्न : ह ह ह ..कितने साल हुए तुम्हें इंडिया में आए हुए ?

आफिसर : थ्री इयर्स।

ऑसबर्न : इसके पहले कहां थे ?

आफिसर : सर, इसके पहले मैं पंजाब में था।

ऑसबर्न : पंजाब ! ब्यूटीफुल एरिया। मैं साउथ से यहां आया और यहां की एक-एक चीज को बारीकी से देखा। यू नो। एक-एक चीज को। अफसोस, इसके बाद कहीं नहीं जा सका। लेकिन अब....... अब तो मैं चाहता हूं कि वापस इंग्लैंड चला जाऊं।

आफिसर : क्यों सर ?

ऑसबर्न : क्यों जाना चाहता हूं ... ! हूं.......... तुम यंग हो। एनेर्जिटिक हो। चलो एक गेम खेलते हैं। मैं तुमसे एक बिजनेस करता हूं।

आफिसर : बिजनेस ?

ऑसबर्न : येस। बिजनेस। मैं तुम्हें सिक्योरिटी देता हूं तुम मुझे क्या दोगे ?

आफिसर : पैसा।

ऑसबर्न : मुझे पैसा नहीं चाहिए। मैं तुमसे जमीन चाहता हूं।

आफिसर : दूंगा।

ऑसबर्न : फिर मैं वहां अपनी एक फौज रखता हूं और चाहता हूं कि उसे दोनों वक्त खाना तुम खिलाओ।

आफिसर : नो।

ऑसबर्न : तुम्हारे पास नो कहने का आप्शन नहीं है।

आफिसर : व्हाई ?

ऑसबर्न : क्योंकि फौज मेरे पास है।

आफिसर परेशान हो जाता है।

तुम क्या करोगे ?

आफिसर : मैं वो डील तोड़ दूंगा।

ऑसबर्न : नहीं तोड़ सकते।

आफिसर : व्हाई ?

ऑसबर्न : क्योंकि फौज मेरे पास है। पावर मेरे पास है। तुम क्या करोगे ?

आफिसर निरुत्तर।

मुझे गोली मारोगे ? मरने-मारने पर उतर आओगे ? यही तो हो रहा है। मैं जानता हूं कि हमने चीट किया है यहां के लोगों को। बिजनेस करने आए और मालिक बन बैठे। शायद इसीलिए अब वापस जाना चाहता हूं .. ओके.. तुम जाओ, सो जाओ। आज मैं कुछ ठीक फील नहीं कर रहा हूं।

आफिसर : लेकिन क्यों सर ? अब तो सेलेब्रेट करने के दिन आ गए। लक्ष्मीबाई मारी जा चुकी है। ये तो हमारे लिए बहुत बड़ी सक्सेस है।

ऑसबर्न : हूं....ओके.... गुडनाईट !

आफिसर : गुड नाईट सर।

आफिसर जाता है । ऑसबर्न अकेला होता है । उसे दूर 'सोहर' गाने की आवाज सुनाई देती है। ऑसबर्न को अच्छा लगता है।

ऑसबर्न : कोई है ?

एक सिपाही आता है।

सिपाही : जी सरकार।

ऑसबर्न : ये कौन गा रहा है ? और क्या गा रहा है ?

सिपाही : ये सोहर है सरकार। जब किसी के घर बच्चा होता है तो घर की औरतें सोहर गाती हैं।

ऑसबर्न : इट्स गुड। अच्छा लग रहा है। मैं इंग्लैंड में होता तो मेरी भी शादी होती। बच्चा होता। हर आदमी को एक न एक दिन अपना फैमिली बनाने का मन करता है।

पीछे से कुछ सरदार आते हैं। सिपाही का मुंह दबाकर खींच ले जाते हैं।

मैं भी बनाऊंगा। दुनिया की सबसे बड़ी नेमत औलाद होती है। हमारे मां-बाप ने हमें पैदा किया। उनका कर्ज उतारना है तो हमें एक बच्चा पैदा करना होगा।

ऑसबर्न के पीछे आकर खड़े हो जाते हैं।

लक्ष्मणसिंह : ये हमारी परिपाटी कबसे सीख ली एजेंट बहादुर ?

ऑसबर्न चौंककर देखता है।

अच्छी नहीं लगती तुम लोगों के मुंह से हिंदुस्तानी संस्कृति की बातें।

ऑसबर्न कुछ कहता कि उसके पहले पीछे खड़े लोग उसको पकड़ लेते हैं।

अब तुम्हें जाना होगा। बोलो ! सीधे ऊपर पहुंचा दूं? या तुम खुद भाग जाओगे ? परेशान मत हो। तुम्हारा हर सिपाही हमारे कब्जे में है। तुमने हमें तंग तो बहुत किया है फिर भी हम तुम्हें मारेंगे नहीं। क्योंकि हमें गोरी चमड़ी वाले बहुत अच्छे लगते हैं।

ऑसबर्न : क्या नाम है तुम्हारा ?

लक्ष्मणसिंह : सरदार लक्ष्मणसिंह। याद रहेगा न ?

ऑसबर्न : क्या इत्तफाक है ! मैं अभी-अभी यहां से जाने का ही सोच रहा था ! ठीक है। अभी चला जाता हूं, लेकिन...

लक्ष्मणसिंह : कुछ लेकिन नहीं। जाओ ! *(सरदारों से)* इसे ले जाओ, और धक्के मार कर बाहर निकाल दो ! ... धक्के मारते हुए ले जाना ! अब इस बंगले में हम लोग रहेंगे !

अन्य : चल !

ऑसबर्न को ले जाते हैं।

लक्ष्मणसिंह : *(ऊंचे स्वर में)* और जाकर ऐलान कर दो ! अंग्रेज बहादुर को निकाल बाहर कर दिया हमने ! आजाद कर दिया अपनी बघेल धरती को !!

अंधेरा। पुनःप्रकाश। *महाराज रघुराजसिंह चिंतित अवस्था में टहल रहे हैं। लक्ष्मणसिंह आते हैं।*

लक्ष्मणसिंह : महाराज का इकबाल बुलंद रहे ! ... मुझे बुलाया था अन्नदाता ?

रघुराजसिंह : किसने कहा था कि ऐसा करिए आप ?

लक्ष्मणसिंह : कब की बात कर रहे हैं हजूर?

रघुराजसिंह : अभी पिछले हफ्ते की। किसने कहा था कि एजेंट को बाहर निकालो ?

लक्ष्मणसिंह : अच्छा वो ! यही तो दिक्कत है महाराज। कोई कुछ कहता ही नहीं। न आप, न और कोई। अब ये बर्दाश्त से बाहर हो रहा था महाराज। वो ससुरा तो आपकी भी हुकुमउदूली करने लगा था ! मैंने तो बहुत दिन से ठान रखा था कि इसको एक बार बंगले से बाहर निकाल कर छोड़ूंगा और निकाल कर दिखा दिया मैंने।

रघुराजसिंह : इससे क्या हासिल हुआ ?

लक्ष्मणसिंह : इज्जत मिली। जिसके लिए हम राजपूत हमेशा से सिर कटाते आए हैं।

रघुराजसिंह : मिल गई इज्जत ? और जब दो दिन बाद मैकडफ की फौज आ गई, तब उस इज्जत का क्या हुआ ?

लक्ष्मणसिंह : अब क्या करें महाराज, बड़ी बेशर्म कौम है ये कसम से ! एक बार तो निकाल ही दिया न हमने ! अब बताइए... आप जो हुकुम करें ...

रघुराजसिंह : ... फिलहाल तो गायब रहिए। और यहां इस किले में मत आइए। धन्यवाद जाइए आप।

लक्ष्मणसिंह : साहब सलाम।

रघुराजसिंह : इधर से नहीं, पीछे से जाइए।

जाता है। महाराज किसी की प्रतीक्षा में हैं। अर्दली आता है।

अर्दली : अन्नदाता, अंग्रेज बहादुर की बग्घी आ गई है।

रघुराजसिंह : दीवान जी से कहो, उन्हें अंदर ले आएं।

अर्दली : जो हुकुम।

जाता है। कुछ ही पल में दीवान के साथ ऑसबर्न आता है।

रघुराजसिंह : आइए एजेंट साहब।

ऑसबर्न : योर हाइनेस, नाउ इट्स टू मच। उन्होंने मुझे बंगले से निकाल दिया था! पता तो चल गया होगा आपको?

रघुराजसिंह : पता चला एजेंट साहब। बहुत गलत किया उन लोगों ने। कौन लोग थे?

ऑसबर्न : आपको नहीं मालूम?

रघुराजसिंह : हमें कैसे मालूम होगा?

ऑसबर्न : स्ट्रैंज! लक्ष्मणसिंह को नहीं जानते? कौन है ये?

रघुराजसिंह : आपने फिर हमसे पूछा? क्या हम एक-एक आदमी को जानते हैं? होगा कोई सिरफिरा। जिसको कौन-सा काम कब, कैसे और किस तरीके से करना चाहिए, नहीं मालूम। एजेंट साहब, हम शर्मिंदा हैं उसकी इस करतूत के लिए। उसने इस राज्य के मेहमान के साथ बदतमीजी की। और बताइए। किसी कागज पर कोई दस्तखत?

ऑसबर्न : फिलहाल नहीं। वक्त आने पर तकलीफ दूंगा।

कार्निश करके जाता है। महाराज गुत्थी को समझने की कोशिश में।

रघुराजसिंह : ये आया क्यों था? खैर .. कोई है?

अर्दली आता है।

अर्दली : हुकुम महाराज।

अर्दली को महाराज कुछ कहते हैं। दोनों अलग-अलग दिशा में जाते हैं। मुनादी वाला आता है।

मुनादी वाला : सुनो सुनो सुनो ! बांधवेश महाराज रघुराजसिंह का नया फरमान सुनो! रीमा राज्य के चार खास सरदार बागी मुकर्रर हुए हैं। इनके नाम हैं - सरदार श्यामसिंह उर्फ श्यामशाह

वल्द शिवासिंह साकिम खम्हरिया, सरदार रणमतसिंह वल्द महीपत सिंह साकिम मनकहरी, सरदार धीरजसिंह उर्फ धीरसिंह, वल्द दलजीतसिंह साकिम कछिया टोला और सरदार पंजाबसिंह वल्द महराज सिंह साकिम मझियार ! इन बागियों को जिंदा या मुर्दा पकड़वाने के लिए हर एक पर दो-दो हजार रुपये का ईनाम है। जो भी आदमी इनको जिंदा या मुर्दा पकड़वाएगा, उसे महाराज की ओर से तुरंत ईनाम बख्शा जाएगा ! सुनो सुनो सुनो!

मुनादी सुनने वालों में एक बागी सरदार भी है। सरदार जाता है।

अंधेरा। प्रकाश। *धीरसिंह परेशान हालत में।*

सरदार : सरदार धीरसिंह जी, महाराज का जो संदेश था मैंने आपको बता दिया। एजेंट हर हालत में आपको, रणमतसिंह, पंजाबसिंह, श्यामशाह, विजयबहादुर, और छतरसिंह को पकड़ने की जुगाड़ में है, आप लोगों पर दो-दो हजार के ईनाम की मुनादी भी करवा दी है। इसलिए महाराज चाहते हैं कि इसके पहले कि कुछ हो जाए, आप लोग सब कर डालिए। एक बार आप रीमा आइए अपनी पूरी फौज के साथ। महाराज ने साफ कहा है सरदार, कि आप रीमा आकर एजेंट का काम तमाम करिए।

धीरसिंह : ऐसे तो महाराज कभी नहीं बोलते थे, अब अचानक क्या हुआ ? ठाकुर साहब, मैं अब थक गया हूं। रणमतसिंह अपने काम में लगे हैं, उनमें जोश है और उनका अपना तरीका है। ऐसे ही पंजाबसिंह और सबका है। सब बड़े अच्छे लड़ाके हैं और अपना काम अपने-अपने तरीके से कर रहे हैं। लेकिन मैं वाकई थक गया हूं। मेरा अपना वेतन का कुछ पैसा राजकोष में पड़ा है। मैंने कई बार महाराज तक संदेश भिजवाया, आज तक नहीं आया। मैंने जीवन भर महाराज

की तहेदिल से सेवा की है। बरगढ़ में उनकी ओर से लड़ाई लड़ी। मैंने उनसे अपने वेतन के अलावा एक पाई भी कभी नहीं मांगी। जब लाहौर में था तो बारह-चौदह सौ कमा लिया था, वही मेरे परिवार के भरणपोषण के लिए चला अब तक। मैं गृहस्थ हूं, बेटियाँ भी हैं, जिनकी शादी करनी है। एक तरफ परिवार, और ये दूसरी तरफ नाकामी। मैं तो कहीं का नहीं रहा। ठाकुर साहब, मैं अब कुछ भी नहीं कर सकूंगा। रानी लक्ष्मीबाई के जाने से मैं टूट गया हूं। उम्मीद की किरण नहीं दिखती अब एक भी।

सरदार : तो क्या आप भी कंपनी सरकार से माफी मांगेगे ? बहुत बड़ी संख्या में लोगों को माफ किया जा रहा है। और अगर माफी नहीं मांगेगे तो कब तक छिपते फिरेंगे ?

धीरसिंह : कुछ नहीं कह सकता। मैं कल कहां जाऊंगा, कहां रहूंगा कुछ नहीं कह सकता।

सरदार जाता है। धीरसिंह चिंतित। एक साधु प्रकट होता है। धीरसिंह को ध्यान से देखता है।

साधु : अनिर्णय योद्धाओं के लिए अच्छी बात नहीं।

धीरसिंह : हर चीज अपने बस में नहीं होती साधु महाराज। मैं अब सुकून चाहता हूं। कहां मिलेगा वो, बस इतना बता दीजिए, मुझे और कुछ नहीं चाहिए।

साधु : तुम्हें सुकून चाहिए ?

धीरसिंह : हां।

साधु : मेरे साथ चलो।

धीरसिंह : कहां ले जाएंगे आप ?

साधु : जहां सुकून है।

धीरसिंह : क्या मुझे सचमुच शांति मिल सकेगी ?

साधु : कोशिश करोगे तो क्यों नहीं मिलेगी ? लेकिन तुम्हें मेरे साथ चलना होगा।

धीरसिंह : कहां ?

साधु : यह तुम मेरे ऊपर छोड़ दो।

धीरसिंह फिर अनिर्णय में।

साधु : इसके लिए भी अनिर्णय ? कौन सी दुविधा है ?

धीरसिंह : मेरे इस काम का क्या होगा स्वामी जी ?

साधु : हर काम अपने समय पर ही होता है पुत्र। हम सन्यासियों ने भी एक बार एक बड़े काम का बीड़ा उठाया था, नहीं सफल हुए। समय से पहले कुछ नहीं होता क्योंकि बलवान योद्धा नहीं, समय होता है। इसलिए प्रतीक्षा करो। निश्चिंत रहो। चलो !

धीरसिंह : मैं नहीं जा सकता स्वामी जी। क्षमा चाहता हूं।

साधु : ह ह ह ..कोई बात नहीं। जब दुविधा टल जाए, तब आना।

साधु जाता है।

अंधेरा। पुनः प्रकाश। *ऑसबर्न का बंगला। चार ग्रामीण एक मृत शरीर को ले आते हैं। अंग्रेज सिपाही पूछता है।*

सिपाही : क्या है ? कौन है ये ? और यहां किसलिए लाए हो ?

ठाकुर 1 : हमें साहब से काम है।

सिपाही : पहले बताओ काम क्या है ?

ठाकुर 1 : जाकर साहब को बताओ कि एक लहास आई है, और ले आने वाला अपना ईनाम चाहता है।

सिपाही : ठीक है। यहीं पर रुकना।

सिपाही अंदर जाता है। ठाकुर लाश को अच्छी तरह ढंकता है। ऑसबर्न के साथ मुंशी और एक सिपाही आते हैं। ठाकुर और बाकी तीन लोग साहब को कार्निश करते हैं।

ऑसबर्न : किसकी लाश है ?

ठाकुर 1 : श्यामशाह की सरकार।

ऑसबर्न : सचमुच ?

ठाकुर 1 : चेहरा देख लीजिए !

ठाकुर लाश के चेहरे को खोल देता है। साहब लाश को देखता है।

ऑसबर्न : श्यामशाह को कौन पहचानता है ? मुंशी ? *(मुंशी आता है।)* पहचानो इसको !

मुंशी चेहरे को ध्यान से देखता है।

मुंशी : हां सरकार। श्यामशाह ही है।

ऑसबर्न और सिपाहियों के चेहरों पर चमक आ जाती है। ऑसबर्न लाश के चारों ओर घूमता है। जैसे तसल्ली करना चाहता हो, कि जिंदा तो नहीं है।

ऑसबर्न : शाबाश ठाकुर ! कैसे मारा इसको ?

ठाकुर 1 : सरकार, हमारे इलाके में आए थे। अपने पैसे की उगहनी करने। हम खुद इनका पैसा लगते थे। नहीं था, नहीं दिए। फिर महाराज के ईनाम वाली बात तो सुन ही रखी थी। हम सोचे कि काहे न ईनाम ही ले लिया जाय !

ऑसबर्न : मुंशी ! इन लोगों के बयान ले लो, और महाराज के लिए एक लेटर लिखो ! लिखो कि एक बागी सरदार श्यामशाह जिस पर जिंदा या मुर्दा पकड़ने के लिए दो हजार रुपये का ईनाम था, मार दिया गया है। इसको मारने के एवज में मारने वालों

को ईनाम का जल्द से जल्द भुगतान करें। इन लोगों का नाम लिख देना।

मुंशी : हुकुम सरकार। और इनकी मिट्टी का इंतजाम ?

जैसे आसबर्न को अच्छी न लगी हो यह बात।

ऑसबर्न : महाराज जो चाहें करें। हमसे कोई मतलब नहीं।

मुंशी : ले चलो भई। बाहर रखो। तब तक मैं खत तैयार करता हूं।

सब जाते हैं। ठाकुर लोग लाश उठाते हैं, चल देते हैं। तब तक कुछ लोग आ जाते हैं।

व्यक्ति 1 : दादा, ये मय्यत किसकी है ?

बुजुर्गवार : सरदार श्यामसिंह की।

व्यक्ति 1 : क्या !

सभी प्रणाम करते हैं।

बुजुर्गवार : हां। अब जादा दिन ये लड़ाई नहीं चलने वाली। तुम जानते हो उनको ?

व्यक्ति 1 : हां दादा। इनका बहुत नाम सुना था। पूरे रामचरित मानस की नकल इन्होंने अपने हाथ से लिखी थी और रोज उसी का पाठ करते थे। अपना सारा पैसा जमीन जायदाद, सब इस लड़ाई में झोंक दिया। लेकिन दादा, अंग्रेज इन्हें मार कैसे पाए ? ये तो बहुत बहादुर थे !

बुजुर्गवार : यही तो अफसोस है बेटा कि इन्हें, अंग्रेजों ने नहीं मारा।

व्यक्ति 2 : तो फिर ?

बुजुर्गवार : इन्हें एक ऐसी नस्ल ने मारा है जो हमारी जमीन पर बहुत पहले से फलती-फूलती आई है।

व्यक्ति 1 : कुछ तो नाम होगा ?

बुजुर्ग जाता है।

अंधेरा। पुनः प्रकाश। *रणजीतराय दीक्षित की गढ़ी। कई साथी बंदूक आदि साफ कर रहे हैं।*

युवा सरदार : सरदार, बाबू कुंअरसिंह की तो बहुत बड़ी सेना थी!

सरदार 1 : हां।

युवा सरदार : लेकिन सरदार, अपने बाबा की भी हिम्मत देखो! इतने दिन तक पूरी पलटन को भोजन कराया बाबा ने! पर तनिक निराशा हुई। इतनी दूर से बाबू कुंअरसिंह आए, तोप-बंदूक लेके, हाथी-घोड़े लेके, पर कहीं लड़ाई नहीं हुई!

सरदार 1 : घबराओ नहीं बेटा, लड़ाई होगी। तब तक अपनी ताकत को सहेज कर रखो।

युवा सरदार : अरे हम तो अपनी ताकत को सहेज के रखे हैं सरदार, पर डर है कि ई बंदूकन में जंग न लग जाय! भैया एक बात बताओ, हंसना नहीं, नहीं जानता इसलिए पूछता हूं।

सरदार 1 : पूछो भाई क्या पूछना चाहते हो?

सरदार 3 : अपने बाबा तो ब्राह्मण हैं न? ये तलवार कैसे उठा लिए?

सरदार 1 : कई पुस्त पहले बघेला महाराज भेदचंद्र के एक भाई जिरौंहा परगना के राजा हुए। यहै जिरौंहा। उनकी भेंट बाबा के पुरखे जनकराम से हुई प्रयाग के माघ मेले में। बहुत प्रभावित हुए और उनको अपने यहां ला के सत्ताईस गांव का इलाकेदार बना दिया। साथ ही राजगुरु और दीवान भी। अब समझे? जो घराना राजा का दीवान भी रहा हो, उसे तो जुद्ध में भाग लेना ही पड़ेगा न!

सरदार 3 : हां अब समझा।

सरदार 1 : पर एक बार ऐसा भी हुआ था जब बाबा को इस गढ़ी से निकलना भी पड़ा था। दस-बारह साल के रहे होंगे कि

दक्खिन के सन्यासी आके गढ़ी पर कब्जा कर लिए। और इनको और इनकी बेवा भौजाई को निकाल बाहर किया।

सरदार 3 : फिर ?

सरदार 1 : डभौरा के सुमन कुशवाहा ने सात बरस तक इस परिवार को पाला-पोसा। फिर जब बाबा कुछ बड़े हुए तो अपने दमखम से अपनी गढ़ी वापिस ली। उसके बाद तो बाबा रीमा महाराज के ताजमी सरदार भी बन गए। उनके बगल में बैठने लगे। अच्छा अब चुप हो जाओ, बाबा आ रहे हैं !

बुजुर्ग रणजीत राय दीक्षित आते हैं। सभी पांव छूते हैं।

दीक्षित : जय जालपा माई !

सभी : जय जालपा माई !!

दीक्षित : माई की कृपा से सब अच्छा ही होगा। देखो वहां से कौन लोग आ रहे हैं ? लगता है कोई बुरी तरह घायल है ! जाओ ले आओ उन्हें !

सरदार जाते हैं। घायल अवस्था में रणमतसिंह को ले आते हैं।

रणमतसिंह : पायलागूं पंडितजी!

दीक्षित : ठाकुर रणमतसिंह ! कहां से आ रहे हैं आप ? वैद्यजी को बुलाओ तुरंत !

रणमतसिंह : पंडितजी, अच्छा लग रहा हूं न ! खूब धुआंधार करके आया हूं।

दीक्षित : कहां से ?

रणमतसिंह : अरे क्या बताएं कहाँ से ! रीमा और पन्ना के बीच घटलेलवा में जुद्ध किए। पन्ना के सेनापति केशरी बुंदेला को दो टूक

कर दिया। उसके बाद नौगांव छावनी का ध्वंस कर डाला! एलिस मिला नहीं वरना उसको तो जिंदा दफन कर देता!

दीक्षित : बाप रे बाप!

रणमतसिंह : फिर चित्रकूट होते हुए बांदा चले आए। और उसके बाद कोठी गए, अपने गांव। पर साले सूंघते हुए कुत्ते वहां जा पहुंचे। तो भागे वहां से। खखरा जंगल होते हुए आपकी शरण में आए हैं।

दीक्षित : रणमतसिंह! बहुत अच्छा किया जो यहां आ गए! अब आपको कुछ नहीं होगा। अब आराम से यहां रहिए। जब घाव पूरी तरह भर जाएं तब जाइएगा। मैं खुद आपकी सेवा करूंगा। इस धरती के लाल हैं आप।

रणमतसिंह : महाराज ने एक काम तो बड़ी हिम्मत का किया है पंडित जी।

दीक्षित : कौन सा?

रणमतसिंह : दादा धीरसिंह को माफी दे दी।

दीक्षित : अच्छा! और आपको रणमतसिंह?

रणमतसिंह कुछ नहीं बोलते। दीक्षित समझ जाते हैं।

अंधेरा। पुनः प्रकाश। *ऑसबर्न एक संपेरे से बीन सुन रहा है। अंग्रेज अधिकारी आता है। ऑसबर्न संपेरे को पैसा देता है, संपेरा जाता है।*

ऑसबर्न : यहां का म्यूजिक बहुत अच्छा है। सोचता हूं जब यहां से जाऊं तो दो-चार म्यूजिशियंस लेकर जाऊं। बहरहाल क्या खबर है?

आफिसर : आपको तो सब मालूम हो गया होगा?

ऑसबर्न : नहीं-नहीं। मुझे कुछ नहीं मालूम है। बताओ!

आफिसर : धीरसिंह कहां है ये तो नहीं मालूम। कुछ लोग कहते हैं कि वह साधु हो गया है, और पंजाब की ओर चला गया।

ऑसबर्न : ओके। अच्छी खबर है।

आफिसर : गढ़ामऊ में रनजोरसिंह के दल के साथ पंजाबसिंह का दल आकर मिल गया था। दोनों के साथ हमारी सेना का जोरदार मुकाबला हुआ। हमारे दो सिपाही मारे गए और उनके दो सौ, जिनमें पंजाबसिंह का भतीजा भी है। पंजाबसिंह वहां मारा तो नहीं गया लेकिन बुरी तरह घायल जरूर हो गया है। उसे घोड़े पर बिठा के कुछ लोग भगा ले गए। अब बचा रणमतसिंह, वो मारा नहीं जा सका। लेकिन घायल जरूर हुआ है। पता चला है कि इलाहाबाद की ओर गया है। और सर, सबसे बड़ी न्यूज है डभौरा से। डभौरा का मैदान बागियों की लाशों से पट गया। हजारों लोग मारे गए। उनमें रणजीत राय दीक्षित भी था।

ऑसबर्न : क्या! वो बूढ़ा दीक्षित मारा गया! ब्रावो! यानी कि अब बचा सिर्फ रणमतसिंह। सिर्फ रणमतसिंह! उसके लिए कुछ न कुछ करना पड़ेगा! जाकर महाराज को संदेश दो, कि हम उनसे मिलने आ रहे हैं।

ऑफिसर : राइट सर।

ऑफिसर जाता है। ऑसबर्न की आंखों में चमक उठती है। प्रकाश में परिवर्तन।

ऑसबर्न : कई बार सोचता हूं फ्यूडलिज्म में ऐसा क्या है जो सारे सिस्टम्स में सबसे ज्यादा पापुलर हुआ। कहीं न कहीं इसके पीछे पावर और सिक्योरिटी है। हर आदमी पावरफुल होना चाहता है, लेकिन होता एक है और वही राजा बन जाता है। चाहता तो नहीं था कि मैं इस काम के लिए इस राजा की मदद लूं, फिर भी लूँगा।

रघुराजसिंह अंदर से आते हैं।

रघुराजसिंह : माफ करिएगा ऑसबर्न साहब, आपको इंतजार करना पड़ा। मैं पूजा कर रहा था। कहिए कैसे आना हुआ ?

ऑसबर्न : ब्रिटिश गवर्नमेंट आपके काम से बेहद खुश है योर हाइनेस। आपने हमारे रास्ते से कई कांटे निकाले लेकिन अभी एक कांटा निकलना बाकी है। रणमतसिंह। आप जानते हैं कि वो ब्रिटिश गवर्नमेंट का नंबर वन मुजरिम है। रीमा राज्य के वेस्टर्न बार्डर पे उसने एक फ्रेंच इंजीनियर को भी मार डाला है। हमने और आपने पूरी कोशिश की, केवटी में लड़ाई लड़ी, जहां हमने ब्रिटिश आफिसर भी खोया, लेकिन नाकाम रहे। हम चाहते तो नहीं थे लेकिन अब हम मजबूर हैं आपको इस्तेमाल करने के लिए। इन शार्ट, रणमतसिंह को पकड़ने की जिम्मेवारी हम आप पर डालते हैं.....

रघुराजसिंह : लेकिन.....

ऑसबर्न : आपने जो चाहा हमने दिया है। आपने सोहागपुर चाहा, हमने दिया। आपने अमरकंटक चाहा, हमने दिया। आपने सिंहवाड़ा चाहा, हमने दिया। आपकी कोई औलाद नहीं हुई, हमने आपका राज्य नहीं छीना। बल्कि गोद लेने की मंजूरी भी दी। आपने जो चाहा, हमने दिया। अब हम रणमतसिंह चाहते हैं, और उसे आप देंगे। जल्दी और जिंदा !

एजेंट जाता है। रघुराजसिंह किंकर्तव्यविमूढ़। पीछे दूर दीवान खड़ा हो जाता है। रघुराजसिंह की दृष्टि उस पर पड़ती है, वह नजर झुका लेता है।

रघुराजसिंह : दीवान जी, कहां होंगे काका ?

दीवान : जहां भी होंगे महाराज, चिट्ठी उन तक पहुंच जाएगी।

महाराज असमंजस में।

अंधेरा। प्रकाश। *रणमतसिंह का घर। खाट पर बैठी मम्मा साहब अपनी नातिन से बात कर रही हैं। नातिन (किशोर उम्र) दादी मां की गोद में सिर रखकर सुन रही है।*

मम्मा साहब : पसनी के दिन जब खीर खबाई हो गई तो छोड़ दिया कि खेलें जाके। खिलौना बहुत रहे पर बाबा बस जाय के तलवारै पकड़ें। और तब से उनका खेल-खिलौना, उनका मंजन-मुखारी, उनका कलेबा-बियारी सब जुद्धै रहा। शांत तो एक जगह बैठइ नहीं सकते थे। मल्लजुद्ध हो, घोड़-सबारी हो, तलबारबाजी, बरछी-कटार, सबमें ओस्ताद। और आल्हा तो ऐसा पसंद, कि सुनते ही जैसे भूत सबार होइ जाए। अंगरखा के बंद टूट जांय, चेहरा तमतमाय जाय..। तब तुमारे दादा साहब, आल्हा गाबै वाले को मना किए कि अब इनको आल्हा कब्बौ न सुनाना।

रणमतसिंह की पत्नी दूध भरा गिलास लेकर आती हैं।

बहू : मम्मा साहब, दूध !

मम्मा साहब : हम न पिऐंगे बहू, बिटिया को देओ।

बहू : पी लीजिए न मम्मा साहब।

मम्मा साहब : नहीं बहू। आज बाबा की बहुत याद आय रही है।

नातिन : दादी साहब, दउआ कहां होंगे ?

मम्मा साहब : न जाने कउने जंगल में होंगे। का पता !

कुछ आहट होती है।

देख कोई आया क्या ?

नातिन उठती है कि देखती है तो सामने खस्ताहाल रणमतसिंह।

सुभाउं : दउआ !

रणमतसिंह उसे गले लगाते हैं । पत्नी की ओर स्नेह से देखते हैं। फिर मां के चरण छूते हैं।

मम्मा साहब : बाबा !

रोने लगती हैं। पत्नी आंसुओं को नहीं संभाल पाती, अंदर जाती है । सुभाउं दादी के पास सुबकने लगती है। रणमतसिंह भी विकल हैं।

रणमतसिंह : सुभाउं !

सुभाउं : हां दउआ।

रणमतसिंह : कैसी है बिटिया ?

दोनों के कंठ अवरुद्ध ।

जा कर अपनी मम्मा साहब की मदद कर और रोटी बनवा। हमको बहुत भूख लगी है और जल्दी जाना भी है।

सुभाउं नाराजगी के साथ पिता को देखती है।

अरे तेरे लिए वर ढूंढ़ने जाना है।

सुभाउं जाती है।

मम्मा साहब .. मम्मा साहब .. अब आप रोती ही रहेंगी तो हम बात कब करेंगे ?

मम्मा साहब : हमको रो लेने दे। तब तक तू बैठ। फिर संझा को बतिया लेना हमसे।

रणमतसिंह : हम खंभरिया गए थे। श्यामशाह दादा के घर।

मम्मा साहब : उनकी दुलहिन से मिले ?

रणमतसिंह : हां। वो बोलीं। दादा, या तो सबको मार-मूर के मर जाओ, या सरेंडर कर दो। ऐसे कब तक भागते रहोगे !

मम्मा साहब : उनकी महतारी कैसी हैं ?

रणमतसिंह : जैसी कि आप हैं।

मम्मा साहब : जा, नहा ले और आराम से रोटी खा।

रणमतसिंह : नहीं मम्मा साहब। हमको जल्दी है।

मम्मा साहब : *(चीख कर)* अब कहीं नहीं जाना है। सुन लिया न, अब कहीं नहीं जाना है !

रणमतसिंह : महाराज ने बुलवाया है मम्मा साहब।

मम्मा साहब अचानक चुप हो जाती हैं। आंखों में लाचारी।

संदेसा भिजवाया है। एक चिट्ठी।

मम्मा साहब : का लिखे हैं चिट्ठी में ?

रणमतसिंह : अरे छोड़िए न मम्मा साहब ...

मम्मा साहब : बता, क्या लिखे हैं चिट्ठी में ?

रणमतसिंह : लिखे हैं कि - 'राज्य पर बड़ी विपत्ति आई है। संदेसा मिलते बखत अगर खाना खाय रहे हों तो रीमा आय के हाथ धोवें'।

मम्मा साहब अनहोनी से आशंकित हो उठती हैं। आँखें जड़ हो जाती हैं।

रणमतसिंह : मम्मा साहब ? मम्मा साहब ?

मम्मा साहब : तब तुम इहां काहे आए ?

रणमतसिंह : आपके दरसन करने।

मां के पैर दबाने लगते हैं।

पता नहीं फिर मौका मिले कि न मिले।

मां कठोर होती हैं।

मम्मा साहब : *(ऊंचे स्वर में)* अरे हरबी रोटी बना डाल ! और सेंधान-ओंधान के संघे दे दे ! जा बेटा, बघेला बंस रहा आएगा तो तुम्हरे जैसे हजार रनमतसिंह पैदा हो जाएंगे !

अंदर से सुभांउ आती है।

सुभाउं : दउआ, रोटी खा लो !

रणमतसिंह उठते हैं।

अंधेरा । प्रकाश । *महाराज अति व्यग्र स्थिति में । तेजी से इधर-उधर चल रहे हैं।*

रघुराजसिंह : दीवान जी ..

दीवान : आज्ञा महाराज।

रघुराजसिंह : काका आए क्यों नहीं ? क्या उन्हें अपनी जान इतनी प्यारी हो गई कि उन्होंने हमारे आदेश को अनसुना कर दिया ? या उन्हें हमारा संदेश मिला ही नहीं ? नहीं.. संदेश तो उन्हें आज सुबह ही मिल गया है । हरकारे ने अपने हाथों दिया है। वो झूठ नहीं बोल सकता। तो फिर वो आए क्यों नहीं ? समझ गया। मुसीबत में कोई किसी का सगा नहीं होता । हम काका साहब को सबसे नजदीकी समझते थे। कभी उन्होंने हमारी बात को न तो टाला, न ही मना किया । कभी मुझसे बहस तक नहीं की। जो भी काम देते थे, पल में कर डालते थे। लेकिन आज ! हम काका साहब को कभी माफ नहीं कर पाएंगे, इस नाफरमानी की वजह से । दीवान जी, ऐसे मौके पर तो आप कुछ कर सकते थे ?

दीवान : आपकी आज्ञा का इंतजार है महाराज। रणमतसिंह जालपा माई के मंदिर के तहखाने में आ चुके हैं।

रघुराजसिंह : तो फिर आपने पहले क्यों नहीं बताया ? .. *(अचानक चुप हो जाते हैं।)* .. ठीक किया आपने। क्या सचमुच वो आ चुके हैं ?

दीवान : हां महाराज।

महाराज की आंखों में भय दिखने लगता है।

रघुराजसिंह : क्या होगा जब वो नहीं रहेंगे ! क्या होगा मेरा ? क्या होगा रीमा राज्य का ? कैसे अकेले मैं सबकुछ संभाल सकूंगा ! *(अचानक कड़े होते हैं।)* दीवान जी, आप खड़े क्यों हैं ? जाइए, उन्हें एजेंट साहब के सामने हाजिर करवाइए। जाइए आप !

दीवानजी : क्या आप रणमतसिंह से मिलेंगे नहीं ?

रघुराजसिंह : इसकी कोई जरूरत नहीं है। हमारी आज्ञा का पालन हो !

दीवानजी : जी महाराज।

दीवान जाता है। रघुराजसिंह आती हुई रुलाई को भरसक दबाने की कोशिश करते हैं।

रघुराजसिंह : काका, हम दोनों का पथ अलग-अलग है। जाइए आप। आज मैं माफी मांगता हूं। धीरसिंह, पंजाबसिंह, श्यामशाह, रणमतसिंह, रणजीत राय दीक्षित, सहामत खां, हसमत अली, तालिब बेग, भोला बारी, वृंदावन कहार, मथानी लोहार.... हजारों हजार रीमा राज्य के उन आम लोगों से, जिन्होंने जरा सा भी अपना योगदान दिया है इस राज्य की आजादी के लिए ! मैं माफी मांगता हूं उस बूढ़े बादशाह बहादुर शाह से भी, जिसके सामने थाल में उसके दो बेटों के सिर पेश किए गए। बगावत के जुर्म में। मैं माफी मांगता हूं महारानी लक्ष्मी बाई से, नानाजी पेशवा से, तात्या टोपे से, बेगम हजरत महल से, बाबू कुंअरसिंह से और उन लाखों सैनिकों से जिन्होंने देश को आजाद कराने के लिए अपनी

जान कुर्बान कर दिए। हमें माफ करिएगा। और मैं ये माफी सिर्फ अपनी ओर से नहीं मांग रहा हूं। मेरे जैसे सैकड़ों उन राजाओं महाराजाओं की ओर से भी मांग रहा हूं जिन्होंने अपनी गद्दी बचाने के लिए आप लोगों का साथ नहीं दिया। मैं जानता हूं भविष्य हमें माफ नहीं करेगा। कभी नहीं माफ करेगा। काका, जाइए आप ! आपके पास आने की हिम्मत मुझमें नहीं थी। नहीं थी हिम्मत। बस एक कृपा करेंगे ? जालपा देवी मंदिर से निकलते समय मुझे अपनी एक झलक दिखा दीजिएगा ! शायद मेरे पाप कुछ कट जाएं !

महाराज मंच के एक कोने से दूर नीचे की ओर व्यग्रता से देखते हैं जैसे वो जालपा मंदिर की ओर देख रहे हों !

अंधेरा। प्रकाश। *ऑसबर्न सहित कई अंग्रेज अधिकारी खड़े हैं। एक-दो सिपाही, दीनबंधु दीवान और पुजारी के साथ रणमतसिंह लाए जाते हैं। ऑसबर्न कौतुक से रणमतसिंह को देखता है। रणमतसिंह के चेहरे पर तेज झलक रहा है।*

दीवान : महाराज की आज्ञा से रीमा राज्य का बागी सरदार ठाकुर रणमतसिंह आज तिथि बारह मार्च 1859 को आपके सामने सरेंडर कर रहा है एजेंट बहादुर।

ऑसबर्न के इशारे पर बेड़ी और हथकड़ी पहनाई जाती है। रणमतसिंह चलते हैं, रुक कर ऊपर दाईं ओर, जिधर महाराज का किला है, देखने की कोशिश करते हैं। प्रणाम करते हैं। सभी जाते हैं।

अंधेरा। अर्द्ध प्रकाश। *रणमतसिंह को पालकी पर बिठाया जाता है।*

ऑसबर्न : ये पालकी सीधे बांदा रुकेगी। खयाल रखना।

पालकी चलती है । ऑसबर्न आदि दूसरी ओर जाते हैं। ***प्रकाश मद्धम होता है ।*** *बांदा में फाँसी की तैयारी हो रही है। पालकी आती है, रुकती है ।*

अधिकारी : मुजरिम को निकालो और फाँसी पर लटका दो !

रणमतसिंह को निकाला जाता है । फांसी पर लटकाने का सांकेतिक अभिनय ।

नेपथ्य गीत : **अपनी धरती को बचाने आऊँगा हर वक्त मैं,**
कुछ तो है मुझमें कि जिससे आसमां भी डर रहा।
हैं दिवानी हैं जुनूनी कुछ तो मेरी फ़ितरतें,
हो मुबारक तुमको खुशियाँ, मैं सफर अब कर रहा।।

अंधेरा । *अंग्रेजी साम्राज्य का बिगुल सुनाई देता है।*

प्रकाश मध्य में । *एक ओर से लॉर्ड कैनिंग और दूसरी ओर से रघुराजसिंह आते हैं।*

नेपथ्य घोषणा : रीमा प्रिंसली स्टेट के किंग हिज हाइनेस महाराजा रघुराजसिंह को ब्रिटिश गवर्नमेंट की मदद करने और रीमा स्टेट में शांति बनाए रखने के लिए जी.सी.एस.आई. की उपाधि दी जाती है। हिज हाइनेस महाराजा रघुराजसिंह !

ब्रिटिश उच्चाधिकारी, महाराज के वक्षीय वस्त्र पर चिह्न को टांकता है । दोनों सावधान की मुद्रा में आते हैं। बिगुल बज रहा है । ब्रिटिश उच्चाधिकारी वापस जाता है और महाराज हारे कदमों से मंच के कोने में आते हैं। बिगुल शांत।

प्रकाश में परिवर्तन । मंच पर राजमहल की नीरवता ।

अचानक दूर नेपथ्य से आवाज आती है - मृगेंद्र प्रतिद्वंद्वताम्मा प्रयात् ! महाराज में कुछ दृढ़ता आती है। बूढ़ा सिपाही जर्जर झंडा लेकर धीमी गति से आता है, महाराज

की ओर देखता है, और हमेशा की तरह अपने स्थान पर खड़ा हो कर पूरी ताकत से पुकारता है-

बूढ़ा सिपाही : **मृगेंद्र प्रतिद्वंद्वताम्मा प्रयात् !**

*महाराज झंडे की ओर देखते हैं... पास आते हैं और बूढ़े के कंधे पर पीछे से हाथ रखते हैं, अंदर चले जाते हैं। धीरे-धीरे **अंधेरा** होता है।*

इति।

www.ingramcontent.com/pod-product-compliance
Lightning Source LLC
Chambersburg PA
CBHW050021170726
48282CB00025B/496
* 9 7 8 9 3 9 0 5 3 9 2 3 9 *